ÉDITORIAL

Le Royaume, maintenant

KAREM BUSTICA
rédactrice en chef
de *Prions en Église*

© Simon Lambert

Il y a des nuits où Dieu se fait tout proche. Noël est de celles-là. Une nuit de lumière dans nos ténèbres, une nuit de promesse pour notre monde. C'est aussi, pour les Augustins de l'Assomption, la congrégation religieuse à laquelle appartient Bayard, éditeur de *Prions en Église*, une nuit fondatrice. Le 25 décembre 1845, le père Emmanuel d'Alzon donne naissance à cette famille religieuse dont la mission est brûlante : hâter la venue du royaume de Dieu. Leur devise, « Que ton règne vienne », est une prière et aussi un appel à veiller sans cesse.

Veiller et prier : voilà ce qui nous prépare à Noël. Car le Royaume ne vient pas dans le fracas, mais dans la fidélité du quotidien, dans la beauté offerte, dans le service discret.

Le Royaume surgit dans la musique, quand elle devient louange. Le Quatuor Girard, par son art habité, nous fait entrevoir quelque chose de la beauté de Dieu. Chaque note, chaque silence, devient prière. La musique veille, elle élève, elle console.

Le Royaume se hâte dans le respect de la nature, comme en témoigne Jacques de Rochefort, et dans le service humble et joyeux d'après l'expérience du père Paul Guiral aux Terrasses du Tarn.

À Noël, Dieu vient. Il vient là où des hommes et des femmes veillent et prient, là où l'on espère encore, là où l'on aime toujours. Que notre veille soit louange et que cette prière devienne notre souffle : « Que ton règne vienne ! »

DIMANCHE 30 NOVEMBRE 2025 • 1RE SEMAINE DE L'AVENT

« Telle sera la venue du Fils de l'homme »

Matthieu 24, 39

DIMANCHE 30 NOVEMBRE 2025 • 1RE SEMAINE DE L'AVENT

L'Évangile du premier dimanche de l'Avent

LIRE

ÉVANGILE DE JÉSUS CHRIST SELON SAINT MATTHIEU 24, 37-44

« Telle sera la venue du Fils de l'homme »

En ce temps-là, Jésus disait à ses disciples : « Comme il en fut aux jours de Noé, ainsi en sera-t-il lors de la venue du Fils de l'homme. En ces jours-là, avant le déluge, on mangeait et on buvait, on prenait femme et on prenait mari, jusqu'au jour où Noé entra dans l'arche ; les gens ne se sont doutés de rien, jusqu'à ce que survienne le déluge qui les a tous engloutis : telle sera aussi la venue du Fils de l'homme. Alors deux hommes seront aux champs : l'un sera pris, l'autre laissé. Deux femmes seront au moulin en train de moudre : l'une sera prise, l'autre laissée. Veillez donc, car vous ne savez pas quel jour votre Seigneur vient. Comprenez-le bien : si le maître de maison avait su à quelle heure de la nuit le voleur viendrait, il aurait veillé et n'aurait pas laissé percer le mur de sa maison. Tenez-vous donc prêts, vous aussi : c'est à l'heure où vous n'y penserez pas que le Fils de l'homme viendra.

La couronne de l'Avent

VOIR PAGE 42

Vous pouvez poser votre première bougie en papier sur votre couronne.

APPROFONDIR

L'inattendu de Dieu

Le temps de l'Avent est celui de l'espérance. Une espérance tendue vers la réalisation des promesses de Dieu, lesquelles surprendront toujours nos attentes. C'est donc à l'inattendu de Dieu qui « peut réaliser infiniment plus que nous ne pouvons demander ou même concevoir » (Ep 3, 20), qu'il nous appartient de nous remettre.

LE TEMPS DE LA PRÉPARATION

« *Mon cœur est prêt, mon Dieu, mon cœur est prêt.* » (Ps 56 [57], 8)

LE TEMPS DE L'OBSERVATION

Jésus parle de son retour en gloire et invite à la vigilance, c'est-à-dire à une attitude intérieure faite d'attention, d'ouverture, de mobilisation dans la durée. Car l'une des caractéristiques du Jour du Seigneur est sa soudaineté, son imprévisibilité : « C'est à l'heure où vous n'y penserez pas que le Fils de l'homme viendra. » Il s'agit donc de se tenir prêt, une façon d'être qui n'est pas sans rappeler celle des Hébreux avant la sortie d'Égypte, incités à manger la Pâque en hâte dans la tenue du pèlerin (reins ceints et sandales aux pieds). Le contre-exemple que sont les contemporains de Noé met en garde contre une forme d'installation dans l'existence. Englués dans leur quotidien avant d'être engloutis par le déluge, ils n'ont manifestement pas écouté ni discerné les signes avant-coureurs de l'événement, oubliant que Dieu se plaît à visiter les humains. Les images employées par Jésus ne visent pas à susciter l'insécurité permanente, mais à réveiller et à faire percevoir les enjeux de la vigilance.

LE TEMPS DE LA MÉDITATION

Les moines cisterciens du Moyen Âge aimaient parler des trois avènements du Christ : dans l'humilité de la chair, avènement que nous fêterons à Noël ; dans la gloire du retour que nous attendons ; dans le secret des cœurs en ce temps intermédiaire où nous cheminons. Ces trois avènements ont en commun de créer un effet de surprise : pour Israël, qui pourtant attendait son Messie mais non selon la radicale nouveauté de l'Incarnation ; pour nous-mêmes, qui ne discernons les visites de Dieu en nos vies que dans l'après-coup d'une joie profonde, d'un chemin qui s'ouvre ou d'une fécondité inespérée, et qui ne connaissons ni le jour ni l'heure de l'ultime rencontre et de la transformation de toutes choses et de nous-mêmes. Alors préparons-nous en nous désencombrant, en gardant en nos cœurs les merveilles de Dieu passées et à venir, et en cultivant tout à la fois la reconnaissance et l'espérance.

LE TEMPS DE LA PRIÈRE

Gloire et louange à toi,
ô Christ !

Emmanuelle Billoteau, ermite

DÉCO DE NOËL

La couronne de l'Avent

Dimanche après dimanche, nous allumons les quatre bougies de la couronne de l'Avent. Chaque semaine, la lumière grandit un peu plus dans la nuit. Au fur et à mesure que l'Avent progresse, la couronne figure notre veille et nous apprend à faire place à celui qui est la Lumière.

« *La lumière brille dans les ténèbres, et les ténèbres ne l'ont pas arrêtée.* »
Jean 1, 5

[RENCONTRER]

De gauche à droite : Hugues (alto), Lucie (violoncelle), Agathe (violon) et Grégoire (premier violon), Avignon (84).

Quatuor Girard

« La musique laisse entrevoir Dieu »

Le Quatuor Girard est un groupe de musiciens composé de quatre frères et sœurs. Parmi eux, Lucie est violoncelliste et Grégoire, premier violon. En ce temps d'attente et de veille, tous deux nous racontent leur art qui les transcende.

DR

LES SEPT PAROLES
Quatuor Girard, Martin Steffens, Bayard Musique
Le Quatuor Girard interprète *Les Sept Dernières Paroles du Christ* de Haydn (1786) ainsi que *Les Sept Paroles de la Vierge* d'Alexandre Benéteau (2020). Chacune de ces œuvres est ponctuée de méditations spirituelles du philosophe Martin Steffens.

Vous êtes un quatuor de frères et sœurs. Ce n'est pas anodin de jouer en famille. Pouvez-vous nous dire comment cela a commencé ?

Lucie: Nous sommes issus d'une fratrie de neuf enfants. Nous avons grandi à Avignon et suivions l'école à la maison. Très tôt nos parents, pourtant éloignés du milieu des musiciens professionnels, nous ont plongés dans le bain de la musique. Quatre d'entre nous ont eu la chance d'étudier un des instruments du quatuor à cordes au Conservatoire national supérieur de musique de Paris. Et naturellement, nous avons formé le Quatuor Girard.

Noël approche. À quoi cette fête de la Nativité vous fait-elle penser ?

Lucie: Noël, c'est Dieu qui entre dans notre monde pour prendre en lui toute sa pesanteur et toute sa beauté ! Ce n'est pas l'homme qui essaie de s'évader vers un monde doré. Parfois, l'ambiance « féerique » dans les rues et les magasins pourrait nous détourner de la réalité de Noël...
La tradition des « concerts de Noël », plus ou moins prégnante selon les régions de France, reste très vivante dans toute l'Europe. Le répertoire musical occidental contient de magnifiques chefs-d'œuvre célébrant cette fête. Les oratorios, cantates et autres formes musicales à « textes » nous plongent de la plus belle des manières dans le mystère de Noël, en retraçant souvent la préparation des hommes à la venue du Messie. À mes yeux, la musique est l'un des plus courts chemins pour mettre notre cœur à l'unisson de celui qui a pris un cœur de chair. Dieu, homme, a ressenti les mêmes émotions, les mêmes sentiments, la même capacité d'amour que nous. C'est vertigineux quand on y pense.

Grégoire: Noël est synonyme de veille. C'est une veillée qui a commencé il y a plus de 2 000 ans. Noël marque une veille que nous vivons encore aujourd'hui, le début de l'histoire de l'Incarnation. Une histoire qui devra s'accomplir par la Croix, la Croix étant justement la contradiction que le Christ plante dans nos vies. L'art de la scène, auquel la musique appartient, est un témoin fort de cette contradiction. Noël est l'attente toujours actuelle d'un accomplissement de notre humanité au sein de cette incarnation. C'est aussi rester éveillé, éviter un danger ou attendre un évènement extraordinaire. Noël invite de manière plus métaphysique encore à réfléchir sur la notion même de temps. C'est le moment où l'on prend patience, où le temps se fait le plus ressentir sur nous. Le mystère de l'Incarnation est paradoxal sur le temps : un Dieu de toute éternité par sa nature humaine s'inscrit dans le temps, avec une naissance et une durée. Le temps est une création de Dieu, à laquelle Dieu se soumet. C'est peut-être pour cela que le temps a une dimension si sacrée. On renoue avec la musique puisqu'elle est un art du temps, une manière de l'habiter et de le vivre.

La musique peut être aussi perçue comme une veille...

Grégoire: Quand on parle de la veille, j'imagine un feu de camp que l'on ranime tout au long de la nuit. Ceux qui gardent la flamme se succèdent, un à un. C'est aussi l'idée d'une certaine défense vis-à-vis de l'extérieur. Cette défense est instinctive : rester avec sa conscience éveillée. Selon moi, tout citoyen

devrait pouvoir s'appuyer sur des artistes qui veillent, en ayant conscience des grandes questions existentielles de la vie.

Nous pourrions comparer l'artiste à une locomotive qui tire son propre poids et entraîne les wagons. Reconnectons-nous à un récit collectif, à ce que nous avons en commun. Aujourd'hui, dans les lieux peuplés comme les villes, nous vivons collés les uns aux autres et, en même temps, nous n'avons pas l'impression de vivre en société. Cette vie en société est, en soi, quelque chose à protéger et à travailler : c'est loin d'être un acquis. Tout est à faire. Le gardien d'un feu est seul face au campement qui dort. L'artiste, lui, par sa sensibilité aiguisée, propose un regard sur le monde rêvé.

Lucie : La veille possède la même racine que le verbe « éveiller ». Je fais le lien car, avec le Quatuor Girard, nous voulons éveiller les enfants à l'art. Pour cela, nous nous rendons souvent dans des écoles pour préparer les élèves à écouter un concert. Nous avons le projet d'organiser un festival de musique où nous souhaitons que les habitants des quartiers plus défavorisés donnent plusieurs •••

Le Quatuor Girard et l'Orchestre national Avignon Provence. Concert donné dans le Palais des papes d'Avignon (84), lors des célébrations du centenaire de leur grand-oncle René Girard le 16 décembre 2023.

RENÉ GIRARD, UN GRAND-ONCLE ACADÉMICIEN
René Girard naît à Avignon la nuit de Noël 1923. Philosophe, anthropologue, théologien, il fait toute sa carrière universitaire aux États-Unis, où il meurt en 2015. Élu à l'Académie française en 2005, il est connu pour ses recherches sur le désir mimétique et la notion de bouc émissaire. Son goût pour la musique, transmis par sa mère, a pris toute son expression chez ses petits-neveux. Pour son centième anniversaire, le Quatuor Girard lui a rendu hommage ***(voir photo p. 11).***

••• concerts. Notre désir est d'apporter de la culture au sein de ces territoires, en développant un pôle pédagogique. Je pense au lycée REP + (Réseau d'éducation prioritaire +) de Meudon (92), où nous allons faire chanter les élèves.

Quelles répercussions votre art a-t-il sur votre public ?

Lucie : Les témoignages des gens venus écouter nos concerts nous montrent que notre art peut les toucher. On sent à quel point la musique est souvent le rendez-vous de ces véritables miracles, où l'homme rejoint son intériorité, ce pour quoi il est fait. Il peut même y avoir une sorte de révélation. Je crois que nous pouvons redonner le goût de la vie à certaines personnes. L'artiste est au cœur de ce que l'homme, malgré son orgueil et ses inventions, ne pourra jamais étouffer. Avec les œuvres d'art que nous interprétons, nous sommes sûrement au cœur du mystère de l'homme. Pour donner des exemples précis, dans les témoignages reçus, beaucoup de personnes nous disent qu'elles ont été marquées par nos concerts. Un jour, après une intervention dans une école, un adolescent de 12 ans, scolarisé dans un collège en ZEP, dans les Ardennes, nous a envoyé un mail. Grâce à nous, il avait découvert la musique classique et ça l'aidait beaucoup dans sa vie. Aujourd'hui, il en écoute tous les jours. Je pense encore à cette jeune femme à Laudun, dans le Gard, qui nous avait entendus animer la messe un dimanche. Aujourd'hui, elle nous aide à faire la communication du festival. Un vrai lien s'est créé entre elle et nous. Ces rencontres me donnent la chair de poule ! Je les

« L'œuvre d'art a quelque chose à nous dire : nous sommes créés à l'image de Dieu. »

Enregistrement de l'album « Les Sept Paroles du Christ » (voir encadré p. 10) à l'Arsonic de Mons (Belgique), le 15 février 2024.

interprète comme autant de signes célestes. Dieu nous montre qu'il faut continuer dans la musique. Ces pépites nous aident à rechoisir notre métier chaque jour.

Comment, en tant qu'artiste, essaie-t-on de dire l'indicible ? Comment s'approcher du mystère de Dieu ?

Grégoire : L'humanité, par essence, a des réflexes mimétiques et violents. Tout le processus d'humanisation et de civilisation réside dans la capacité de l'homme à canaliser le tout. À se servir de cette violence en lui pour faire société. Là-dedans, la musique joue un rôle primordial. Dans la nature du son, nous retrouvons une violence provoquée par les phénomènes vibratoires et les molécules tapant les unes contre les autres. Il existe fondamentalement dans la musique une dimension de confrontation dans le son qui se propage dans notre corps, qui résonne physiquement sur la personne. Pour être capables de jouer avec cette tension, il nous faut nous libérer de notre pesanteur inhérente à la vie humaine.

Nous faisons un art à vocation concrète, sociale, archaïque. Le Christ nous dit qu'on est supérieurs à cette violence, quand bien même nous sommes dans un monde plein de violences. Quand on est chrétien et artiste, on doit accepter cette croix.

Lucie : Mais nous, nous avons quelque chose à dire de ce beau, de cet au-delà. La musique a la capacité de faire entrevoir Dieu. L'œuvre d'art a quelque chose à nous dire : nous sommes créés à l'image de Dieu. Elle est une façon d'exprimer le beau. Et la personne créatrice qui est entièrement humaine a été aussi créée à l'image de Dieu : c'est ce qui donne le sublime de la musique !

Grégoire : Oui, le Paradis n'est pas de cette terre. Il nous faut accepter de porter la Croix à la suite du Christ. Cela engage. Vivre, c'est se plonger dans un mystère auquel on ne peut répondre, dans le bonheur de vivre des sensations grâce à notre art. Nous semons en espérant que la moisson sera bonne ! ■

Propos recueillis par
Anne-Quitterie Jozeau

POUR ALLER PLUS LOIN

Dans ma vie, quel est « le plus court chemin pour mettre mon cœur à l'unisson » de Dieu ? la musique ? le silence... ?

En quoi la beauté m'aide-t-elle à croire que l'homme est fait pour plus grand que lui ?

Quand on parle de veille, qu'est-ce que je vois ? Un feu de camp ranimé toute la nuit, comme Grégoire ? Ou une autre image ?

[JOUER]

Jeu de l'oie de Noël

Jouez en famille pendant l'Avent pour découvrir les traditions de Noël.

LE BUT DU JEU
Le premier arrivé sur la case « Jour de Noël » gagne la partie.

Il vous faut :
- **le plateau de jeu et les cartes défis à découper,**
- **un dé et des pions,**
- **du papier et un crayon.**

Règles du jeu

Chaque joueur place son pion sur la flèche de départ.
On joue chacun son tour, dans le sens des aiguilles d'une montre.
Le joueur qui commence est celui qui a fait le plus grand nombre au dé.
Il relance le dé et avance son pion du nombre de cases correspondant.
Il fait ce qui est indiqué sur la case sur laquelle il s'arrête, sauf pour les cases avec une guirlande où il n'y a pas d'action à faire. Le joueur doit répondre au défi ou faire ce qui est indiqué par les dessins.
Il ne peut jamais y avoir deux pions sur la même case. Si un joueur tombe sur une case déjà occupée, il prend la place de celui arrivé en premier. Celui-ci recule à la case d'où il venait mais ne fait pas l'action indiquée.
Pour gagner, on doit arriver pile sur la case « 25 décembre ». Si le joueur réalise un score au dé supérieur au nombre de case le séparant de la victoire, il doit reculer d'autant de cases supplémentaires.

Étoile
L'étoile te guide, avance d'une case.

Cadeau
Offre au dernier joueur les points que tu viens de faire avec ton dé.

Église
Prends le temps de prier, passe un tour.

Âne
Recule de deux cases et réponds au défi. Si tu le rates, tu passes un tour.

Traîneau
Les rennes vont vite, avance de deux cases.

Saint Nicolas
Il t'offre un cadeau : avance jusqu'à la case mardi 9.

Jeu de l'oie... de Noël
1er DIMANCHE DE L'AVENT
LUNDI 1er
MARDI 2
MERCREDI 3
JEUDI 4
VENDREDI 5
SAMEDI 6
2e DIMANCHE DE L'AVENT
LUNDI 8
MARDI 9
MERCREDI 10
JEUDI 11
VENDREDI 12
SAMEDI 13
3e DIMANCHE DE L'AVENT
LUNDI 15
MARDI 16
MERCREDI 17
JEUDI 18
VENDREDI 19
SAMEDI 20
4e DIMANCHE DE L'AVENT
LUNDI 22
MARDI 23
MERCREDI 24
JEUDI 25 DÉCEMBRE JOUR DE NOËL
PrionsenEglise

Prions en Église

DÉFI	DÉFI	DÉFI	DÉFI	DÉFI
DÉFI	DÉFI	DÉFI	DÉFI	DÉFI
DÉFI	DÉFI	DÉFI	DÉFI	DÉFI
DÉFI	DÉFI	DÉFI	DÉFI	DÉFI
DÉFI	DÉFI	DÉFI	DÉFI	DÉFI

Qu'y a-t-il en haut du sapin ? *Réponse 1*	**Qui fête-t-on le 6 décembre ?** *Réponse 2*	**Raconte la légende de saint Nicolas.** *Réponse 3*	**Que signifie le mot « Avent » ?** *Réponse 4*	**Combien y a-t-il de dimanches de l'Avent ?** *Réponse 5*
Que représentent les bougies sur la couronne de l'Avent ? *Réponse 6*	**De quand date le calendrier de l'Avent ?** *Réponse 7*	**Pourquoi le sapin est-il l'arbre de Noël ?** *Réponse 8*	**Qui a inventé la crèche ?** *Réponse 9*	**Quel est le dessert traditionnel de Noël ?** *Réponse 10*
D'où vient le mot « santon » ? *Réponse 11*	**De quand datent les boules de Noël du sapin ?** *Réponse 12*	**Que signifie l'étoile des mages ?** *Réponse 13*	**De quand date le premier marché de Noël ?** *Réponse 14*	**Qui sont les premières personnes à venir adorer Jésus ?** *Réponse 15*
En quelle saison fête-t-on Noël ? *Réponse 16*	**Donne quatre mots qui te font penser à Noël.**	**Chante un chant de Noël.**	**Dessine une crèche.**	**Invente un poème de quatre vers sur Noël.**
Raconte ton meilleur souvenir de Noël.	**Donne la recette de ton gâteau préféré.**	**Imagine le plus beaux des cadeaux qu'on puisse te faire.**	**Dessine une étoile.**	**Dessine un sapin décoré en 2 minutes.**

Jeu de l'oie de Noël : les réponses et les « petits plus culture »

1 Une étoile.
Le petit plus culture : *Elle symbolise l'étoile qui a guidé les mages à Bethléem.*

2 Saint Nicolas.
Nicolas était évêque de Myre (Turquie actuelle) au IIIe siècle. Il aurait voyagé en Europe. C'est l'ancêtre du Père Noël.

3 La plus connue des légendes est celle des trois petits enfants : trois enfants se sont perdus dans les champs et un méchant boucher les a tués et mis dans son saloir. Sept ans plus tard, saint Nicolas s'arrête chez le boucher, s'assoit sur le saloir, lève trois doigts et les trois enfants sortent du saloir.

4 Le mot « Avent » vient du latin « *adventus* », qui signifie « venue, avènement ». Pendant l'Avent, les chrétiens se préparent à célébrer Noël.

5 Quatre.
Le quatrième dimanche avant Noël marque le début de l'Avent.

6 Les bougies représentent chacun des dimanches de l'Avent.
La première bougie symbolise le pardon, la deuxième, la foi, la troisième, la joie et la dernière la paix et la justice.

7 Le calendrier de l'Avent est apparu en Allemagne au XIXe siècle.
À cette époque, une scène était dessinée ou une phrase de la Bible était écrite sur chaque jour de l'Avent. Le premier calendrier de l'Avent avec des petites fenêtres qui s'ouvrent a été commercialisé en 1920. C'est en 1958 que les chocolats sont ajoutés dans les petites fenêtres.

8 Parce qu'il reste vert même en plein cœur de l'hiver. Il a la particularité de ne pas perdre ses aiguilles et symbolise ainsi la puissance de la vie.

9 La tradition dit que c'est saint François d'Assise qui a créé la première crèche dans une grotte du village de Greccio, en Italie, en 1223.

10 La bûche.
C'était à l'origine une grosse bûche mise dans l'âtre de la cheminée après avoir été bénite pour protéger la maison et ses habitants. Au fil du temps, elle est devenue un gâteau.

11 Le mot « santon » vient du provençal « *santoun* » signifiant « petit saint ».
Les premiers santons étaient confectionnés en mie de pain puis, petit à petit, en argile.

12 C'est au milieu du XIXe siècle qu'un souffleur de verre crée les premières boules de Noël.

13 L'étoile des mages est l'astre qui a guidé les mages venus d'Orient vers Bethléem.

14 Le premier marché de Noël serait né en Autriche au XIIIe siècle. Il s'appelait le « marché de saint Nicolas ».

15 Les bergers.
À l'époque de la naissance de Jésus, les bergers étaient pauvres, ils étaient considérés comme impurs et ne pouvaient pas aller au Temple. Cependant, ils ont été les premiers à rencontrer Jésus.

16 Dans l'hémisphère nord, on fête Noël en hiver et dans l'hémisphère sud, c'est en été.

Des idées solidaires

Donner un peu de son temps aux autres est une forme de veille. Voici des idées d'initiatives solidaires pour vivre l'Avent et Noël dans la prière, le partage, la paix, et les rencontres. Parce que les chemins vers Noël se font aussi ensemble, sans aller trop loin de chez soi...

Journée du handicap

Le dimanche 7 décembre, le diocèse de Pontoise (95) organise une Journée du handicap pour accueillir dans les communautés les personnes en situation de handicap et les encourager à prendre leur place. La Journée internationale des personnes en situation de handicap est organisée tous les ans le 3 décembre par les Nations unies.

EN RÉGION

À MONTAUBAN (42)

L'aumônerie catholique de la maison d'arrêt de Montauban propose d'écrire des cartes de Noël à des personnes détenues qu'elle accompagne. Apportez un peu de chaleur à ces personnes et envoyez votre carte à :
Aumônerie catholique
Maison d'arrêt
250, av. de Beausoleil
82000 Montauban.

À MARSEILLE (13)

Spécialisée dans le soutien aux personnes isolées, l'association Vendredi 13 prépare, pour les fêtes de fin d'année, un repas festif sur la **place de la Joliette.** L'organisation rassemble près de 350 personnes isolées au moment des réveillons du 24 et du 31 décembre.

À STRASBOURG (67)

En Alsace, la coutume veut que les habitants déposent des cadeaux au pied du sapin pour les plus démunis. Le « village du partage » prolonge cette tradition. Ce marché de Noël accueille une soixantaine d'associations caritatives, **place Kléber.**

TOURS (37)

Dimanche 21 décembre, concert solidaire au Palais des congrès avec la Chorale, la Maîtrise et l'Orchestre populaires. Les bénéfices sont reversés au secteur associatif. Deux représentations prévues : à 16 heures et 18 h 30.

À PARIS (75)

La Fabrique de la solidarité de la mairie de Paris lance la collecte des boîtes de Noël solidaires pour les distribuer aux personnes en situation de précarité. Des boîtes à confectionner soi-même et à déposer dans l'un des points de collecte. **paris.fr**

« Giving Tuesday » 2025

Le mouvement mondial Giving Tuesday mobilise des milliers d'associations, fondations et citoyens autour d'une ambition commune : mettre la générosité à l'honneur. Prévue cette année le mardi 2 décembre, cette journée mondiale encourage la générosité, l'engagement et la solidarité. **givingtuesday.fr**

© Christophe Hargoues/Secours Catholique

Buffet dînatoire organisé par le Secours Catholique le 21 décembre 2024, pour les personnes sans domicile fixe, Argelès-sur-Mer (66).

Prier pour la paix

L'association Pax Christi, qui fête ses 80 ans cette année, a la mission d'encourager un temps pour la paix pendant l'Avent et jusqu'à l'Épiphanie. Elle propose des outils pour prier et animer un temps chez vous, en famille, avec vos amis, dans votre paroisse, votre communauté... Retrouvez toutes ses propositions de prières sur le site : paxchristi.fr

© AdobeStok

AVEC DES ASSOCIATIONS

SECOURS CATHOLIQUE

Participer à des maraudes auprès des personnes sans-abri, à une animation musicale dans le métro ou dans des lieux publics, proposer du covoiturage pour emmener des personnes à la messe de Noël ou à un repas de fête...

01 45 49 73 00

www.secours-catholique.org/missions-benevoles

SOCIÉTÉ DE SAINT-VINCENT-DE-PAUL

Une action pour les oubliés de Noël avec la Société de Saint-Vincent-de-Paul : personnes âgées isolées, demandeurs d'asile, sans-abri, familles en difficulté sont invités pour des moments festifs.

www.ssvp.fr/reseau

LE SECOURS POPULAIRE

Les « Pères Noël verts » multiplient les activités solidaires permettant de collecter des dons, des jouets, des livres, des colis alimentaires, pour permettre aux familles, aux personnes âgées ou isolées, de fêter Noël dans la dignité.

www.secourspopulaire.fr/peres-noel-verts

LES PETITS FRÈRES DES PAUVRES

Un repas d'exception avec les plus démunis : les volontaires d'un soir partagent Noël les 24 et 25 décembre. Une aide est bienvenue pour donner un coup de main aux préparatifs, aux transports, à l'animation...

01 49 23 13 00

www.petitsfreresdespauvres.fr

AÏDA : NOËL À L'HÔPITAL

De nombreux jeunes passent les fêtes de fin d'année à l'hôpital. L'association Aïda organise l'opération Noël à l'hôpital. Vous pouvez offrir un cadeau utile et personnalisé à un jeune hospitalisé sur le site : **noelalhopital.fr**

ENTOURAGE

L'application Entourage favorise les rencontres entre les voisins et les personnes en situation de précarité d'un même quartier. Dans une forme inédite et joyeuse d'engagement, Entourage souhaite recréer du lien social pour des personnes exclues du reste de la société.

www.entourage.social

EN PAROISSE OU EN MAIRIE

Quelle association dans votre ville organise un repas de Noël et aurait besoin de bénévoles ? Renseignez-vous auprès de votre paroisse pour savoir si elle organise un événement pour l'occasion. Vous pouvez également vous adresser à la mairie de votre ville.

© Getty Images

« Préparez le chemin du Seigneur, rendez droits ses sentiers »

Matthieu 3, 3

L'Évangile du deuxième dimanche de l'Avent

LIRE

ÉVANGILE DE JÉSUS CHRIST SELON SAINT MATTHIEU 3, 1-12

« Préparez le chemin du Seigneur, rendez droits ses sentiers »

En ces jours-là, paraît Jean le Baptiste, qui proclame dans le désert de Judée : « Convertissez-vous, car le royaume des Cieux est tout proche. » Jean est celui que désignait la parole prononcée par le prophète Isaïe : ***Voix de celui qui crie dans le désert : Préparez le chemin du Seigneur, rendez droits ses sentiers.*** **Lui, Jean, portait un vêtement de poils de chameau, et une ceinture de cuir autour des reins ; il avait pour nourriture des sauterelles et du miel sauvage. Alors Jérusalem, toute la Judée et toute la région du Jourdain se rendaient auprès de lui, et ils étaient baptisés par lui dans le Jourdain en reconnaissant leurs péchés. Voyant beaucoup de pharisiens et de sadducéens se présenter à son baptême, il leur dit : « Engeance de vipères ! Qui vous a appris à fuir la colère qui vient ? Produisez donc un fruit digne de la conversion. N'allez pas dire en vous-mêmes : "Nous avons Abraham pour père" ; car, je vous le dis : des pierres que voici, Dieu peut faire surgir des enfants à Abraham. Déjà la cognée se trouve à la racine des arbres : tout arbre qui ne produit pas de bons fruits va être coupé et jeté au feu. Moi, je vous baptise dans l'eau, en vue de la conversion. Mais celui qui vient derrière moi est plus fort que moi, et je ne suis pas digne de lui retirer ses sandales. Lui vous baptisera dans l'Esprit Saint et le feu. Il tient dans sa main la pelle à vanner, il va nettoyer son aire à battre le blé, et il amassera son grain dans le grenier ; quant à la paille, il la brûlera au feu qui ne s'éteint pas. »**

La couronne de l'Avent

Vous pouvez poser votre deuxième bougie en papier sur votre couronne.

VOIR PAGE 42

APPROFONDIR

Répondre, revenir

Dans le désert, il est possible d'entendre des paroles dont le sens nous rejoint de façon surprenante.

LE TEMPS DE LA PRÉPARATION

« Or, tout ce qui a été écrit à l'avance dans les livres saints l'a été pour nous instruire, afin que, grâce à la persévérance et au réconfort des Écritures, nous ayons l'espérance. »
(Rm 15, 4)

LE TEMPS DE L'OBSERVATION

Rien ne tient, rien ne résiste à l'arrivée de Dieu. Les pierres peuvent enfanter des disciples, les arbres être coupés et tomber, le feu brûler la paille jusqu'à la cendre. En quelques mots, Jean annonce une radicalité à venir qui pourrait susciter de la peur ou de l'angoisse. Mais ce n'est pas le but recherché. Jean appelle simplement à un retour, à une réponse. Ces deux termes traduisent le mot hébreu « *teshouvah* » qui signifie « conversion ». Jean appelle à la conversion comme on appelle à la vie, au lâcher-prise, à l'accueil de ce qui est donné gratuitement. Ce retour et/ou cette réponse se déroulent dans le cœur des personnes mais se voient pourtant dans leur vie. La conversion s'incarne et produit des fruits. Jean ne dit pas lesquels mais, à l'inverse, il dénonce les masques, les faux-semblants et les certitudes. Tout cela devient inutile et fait obstacle à la réponse personnelle et sincère de chacun.

LE TEMPS DE LA MÉDITATION

On pourrait se demander pourquoi réfléchir à la conversion avant Noël et se dire qu'il s'agit plutôt d'un sujet à garder pour le Carême. Or, cette présence de la conversion avant la Nativité est un indice précieux. La naissance, la nouveauté, la sincérité, la radicalité d'une existence sont des occasions aussi puissantes que la Croix et la souffrance pour s'approcher du royaume de Dieu. Les propos de Jean nous préparent encore aujourd'hui à cet événement. Noël est l'occasion d'un retour et d'une réponse. À chacun de comprendre ce que ces deux mots lui murmurent. Où nous sentons-nous appelés à revenir ou à rentrer ? Quelle question nous est posée à laquelle nos vies sont invitées à répondre ? Jean crie dans le désert et chacun de nous peut entendre des paroles un peu plus précises résonner. Tout ceci comme une invitation à ne pas passer à côté de la Lumière qui approche mais plutôt à accepter d'en vivre.

LE TEMPS DE LA PRIÈRE

« En lui, que soient bénies toutes les familles de la terre; que tous les pays le disent bienheureux ! »
(Ps 71 [72], 17)

Marie-Laure Durand, bibliste

DÉCO DE NOËL

Le calendrier de l'Avent

Chaque jour, nous ouvrons plus que la case d'un calendrier. Derrière chacune des 24 fenêtres se mêlent l'attente et la patience, un pas vers Noël et la joie qui grandit. Le calendrier de l'Avent nous apprend à espérer tout en accueillant chaque jour comme un cadeau.

« Tenez-vous prêts : c'est à l'heure où vous n'y penserez pas que le Fils de l'homme viendra. »
Matthieu 24, 44

Vincent Leclerq « L'Avent, un appel à pacifier le monde »

Prêtre assomptionniste, Vincent Leclercq est le postulateur de la cause de béatification du père Emmanuel d'Alzon, qui fonda la première communauté des Augustins de l'Assomption la nuit de Noël 1845, à Nîmes. Le chroniqueur de *Prions en Église* nous explique comment, à sa suite, accueillir le mystère de l'Incarnation.

[RENCONTRER]

La règle de vie des Augustins de l'Assomption les invite à « travailler à l'avènement du règne de Dieu ». De quel règne s'agit-il ?

Il s'agit de laisser grandir le Christ en nous, entre nous (en Église, en communauté, en paroisse…) et autour de nous. C'est l'idée d'une charité contagieuse qui peut se vivre par exemple pour les assomptionnistes dans leurs lieux de mission: l'école, le pèlerinage, la presse ou la paroisse. Pour nous tous, le règne de Dieu est un cadeau à partager qui passe par l'unité et par la vérité du Christ. Mais son aspect le plus important, c'est la charité: on va partager l'amour du Christ avec d'autres. Dans le temps de l'Avent et de Noël, c'est un appel à la solidarité, à la fraternité, à espérer la paix dans les familles, dans les cœurs, à pacifier ce monde pour que Dieu vienne. Mais, pour pacifier le monde, il faut d'abord pacifier son cœur, c'est-à-dire laisser Dieu nous aimer, chercher ce qui est aimable dans l'autre, notamment dans celui qui est le plus loin de soi, et poser un geste d'unité ou de réconciliation. Le Seigneur nous rejoint dans toutes les fractures et les ruptures de ce monde. À la division, il veut apporter un •••

© Alessia Giuliani

Vincent Leclercq, prêtre assomptionniste.

« La meilleure façon d'attendre le Seigneur, c'est de le laisser entrer dans notre cœur. »

••• surcroît de bien et de confiance. La venue du Christ est un antidote à la désespérance.

Comment œuvrer au règne de Dieu, spécialement pendant l'Avent ?
Il s'agit de vivre les choses ordinaires de manière extraordinaire, c'est-à-dire en associant Dieu au concret de notre vie.

L'Incarnation est une bonne nouvelle car le Christ tire le monde de son chaos pour nous rassembler dans son amour. Le Seigneur veut offrir le cadeau de sa présence. À nous d'en être l'instrument, par une parole d'espérance, d'encouragement, de pardon, par un sourire, une attitude ou un regard qui relèvent et soulagent les souffrances.

Le père d'Alzon invitait à être des « disciples de Jésus », en étant l'Église et en continuant le ministère de réconciliation et de guérison du Christ. La meilleure façon d'attendre le Seigneur, c'est de le laisser entrer dans notre cœur pour poursuivre son beau ministère de salut et de guérison.

Certes, nous pouvons être éprouvés et souffrir, mais nous ne pouvons pas être tristes. Personne ne peut nous enlever la joie d'être chrétiens, d'être dans les mains de Dieu qui sont de bonnes mains. Laissons Dieu être Dieu pour nous, nous rejoindre et transformer notre vie. Le monde peut être sans Dieu, mais pas nous.

Qu'apporte la bonne nouvelle de Noël ?
Quand nous disons à Noël que le Seigneur est là, cela change tout ! Par l'Incarnation, nous savons non seulement que nous avons une destination, que nous sommes attendus dans le Royaume, mais aussi que le Seigneur a déjà payé le billet. Notre cadeau, c'est de regarder le paysage, c'est-à-dire le cours de nos vies avec cette foi et cette espérance que le Seigneur est avec nous et pour nous sur le chemin. Il nous faut juste accueillir ce Dieu qui nous aime et qui fait des choses extraordinaires dans nos vies. Et savoir reconnaître son passage.

Le père d'Alzon désirait « brûler de plus en plus d'amour pour Jésus et Marie ». Qu'est-ce que cela signifie ?
Le plus important n'est pas de faire des choses pour Dieu, mais de le laisser faire, de le « laisser régner dans nos cœurs et dans nos vies », disait le père d'Alzon. Par toute sa vie, il a démontré que, quand on donne son cœur au Seigneur, il prend tout. Très jeune, il a eu l'intuition de laisser le Seigneur régner dans sa vie. Puis il l'a mise en œuvre, attentif au monde dans lequel Jésus choisit d'habiter et de grandir.

Quelle forme sa prière prenait-elle ?
S'il n'avait pas prié, il aurait été un hyperactif ! Sa prière était vraiment contemplative, c'est-à-dire qu'il était capable, comme les saints, de voir l'action de Dieu dans sa vie quotidienne

QUI EST EMMANUEL D'ALZON (1810-1880) ?
Fils des Cévennes, méridional d'origine, d'allure, mais aussi d'esprit, tel peut être défini géographiquement et moralement l'homme d'Église, vicaire général de son diocèse pendant quarante ans. Toute sa vie durant, Emmanuel d'Alzon déborda d'activités, d'initiatives et de projets, n'hésitant jamais à mener tout de front. Il trouvait sa force dans les longues heures consacrées à la prière. Cette année il y a 180 ans à la nuit de Noël, le père d'Alzon fonda à Nîmes (30) la première communauté des Augustins de l'Assomption, plus couramment appelés les assomptionnistes. Leur charisme s'exprime dans quatre dimensions : l'unité des chrétiens, l'éducation, les pèlerinages, la presse.

© Alessia Giuliani

Vincent Leclercq avec un buste en bronze du père Emmanuel d'Alzon, à la maison généralice des Augustins de l'Assomption, Rome (Italie).

et celle des autres, de voir le monde autrement, de croire que Dieu ne se croise pas les bras mais transforme le monde. Sa prière liait l'action et la contemplation. Elle rejoignait un Dieu qui s'incarne dans la vie du monde et dans le cœur de l'homme.

À l'exemple du père d'Alzon qui était un vrai fils de l'Église, comment vivre la dimension ecclésiale pendant l'Avent ?

Il s'agit d'aimer l'Église, de croire dans l'importance de vivre sa foi au quotidien et de vivre une dimension communautaire, par exemple en priant les uns pour les autres. Il y a aussi un lien entre l'amour de l'Église et la parole de Dieu. La manière d'être l'Église aujourd'hui, c'est de méditer la Parole que nous aurons lue, chantée, célébrée et la mettre en œuvre dans nos vies. L'Église nous permet de la recevoir, de la vivre et de l'expérimenter. À Noël, le Verbe de Dieu se fait chair. Cela nous engage à veiller à ce que la parole de Dieu soit lue et méditée pour qu'elle s'incarne encore aujourd'hui. Un beau programme pour les lecteurs de *Prions en Église* ! ■

Propos recueillis par Bénédicte de Saint-Germain

POUR ALLER PLUS LOIN

Le père d'Alzon parlait de « brûler d'amour pour Jésus et Marie ». Qu'est-ce qui nourrit mon feu intérieur ? Qu'est-ce qui l'éteint parfois ?

« Que ton règne vienne » : comment cette phrase du Notre Père, devise des assomptionnistes, résonne-t-elle pour moi ?

Qu'est-ce que cela change pour moi de croire que « Dieu ne se croise pas les bras » ? Où vois-je des signes que Dieu agit ?

Lire, écouter, voir…

La rédaction de *Prions en Église* a sélectionné pour vous ces œuvres à offrir, à partager ou à dévorer pendant le temps de l'Avent et de Noël.

Livres

Les remparts de Sodome
Romain Mazenod
Cerf, 184 p.

L'auteur narre la destruction de Sodome à travers un personnage qu'il crée, Chahar, servante de la femme de Loth. Elle raconte sa vie aux côtés de la famille de Loth. Tout au long de son récit, le thème de l'hospitalité, autrement dit l'accueil de Dieu, est présent. Écrit dans une langue poétique, ce roman invite le lecteur à devenir hôte en ce temps de Noël, c'est-à-dire recevoir et être reçu, les deux facettes de la rencontre.

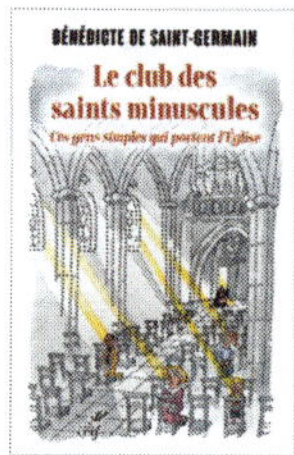

Le club des saints minuscules
Bénédicte de Saint-Germain,
Cerf, 176 p.

Ils s'appellent Jonathan, Claire, Maxime, Lina, Christian... Ils ont 20, 30 ou 80 ans, ne sont connus que d'un cercle familial, amical ou paroissial restreint et n'ont pas réalisé de choses extraordinaires. Par petites touches, l'autrice peint trente portraits de personnes dont la vie est tendue vers le Christ. Un livre sur une sainteté qui ne fait pas de bruit, mais fait tant de bien !

Éphéméride 2026
Prier chaque jour avec les saints et l'Évangile
Prions en Église, Bayard, 371 p.

Découvrez la nouvelle éphéméride 2026 *Prions en Église* à s'offrir ou à offrir à l'un de vos proches pour commencer l'année sereinement.
Chaque jour, retrouvez un verset de l'évangile, une prière en lien avec l'actualité ou les textes de la messe du jour et les saints fêtés. Le tout dans un style coloré, épuré et chaleureux.

Sœurs de douleur
Samuel Lieven, Roseline Hamel et Nassera Kermiche,
XO éditions, 235 p.

Huit ans après l'assassinat du père Jacques Hamel, la sœur du prêtre et la mère de l'un des terroristes racontent leur amitié inattendue, et le chemin de paix, de compassion et de miséricorde qu'elles ont toutes deux mené. Au micro de Samuel Lieven, elles livrent avec simplicité et spontanéité le récit normand de la vie de leurs proches respectifs, évoquant aussi l'enfance. Un roman poignant, véridique, une ode à la paix et au pardon.

Textes : Anne-Quitterie Jozeau, Geneviève Pasquier

L'artiste est celui ou celle qui a la tâche d'aider l'humanité à ne pas perdre l'horizon de l'espérance. *Pape François*

CD

La petite espérance
Ensemble Ô,
Bayard musique

En cette année du jubilé de l'espérance, laissez-vous emporter par ces polyphonies de grands compositeurs germaniques : Hildegarde de Bingen, Bach, Bruckner et Mendelssohn. Leurs mélodies transpirent la joie, une joie profonde qui n'est pas sans lien avec la petite espérance dont parle Charles Péguy. Une espérance qui vient résonner avec la venue du Sauveur.

Jeu

Mes 24 prières pour attendre Noël
Bayard Jeunesse

Avec sa boîte en forme de boîte d'allumettes et ses jolies illustrations, ces vingt-quatre prières est un cadeau original pour le temps de l'Avent. Chaque jour, l'enfant peut tirer une carte, lire une courte prière pour patienter jusqu'à Noël et préparer son cœur à la venue de Jésus.

Films DVD

Ma mère, Dieu et Sylvie Vartan
Ken Scott
Gaumont, 1 h 35

Dans la France des années 1960, un petit enfant qui deviendra l'avocat réputé Roland Perez naît avec un pied bot. Sa mère, juive marocaine, n'a qu'un désir : que son fils marche. À coups de prières et de rendez-vous auprès de spécialistes, la mère jouée par Leïla Bekhti touche par sa détermination et sa foi sans faille. Un film plein d'espoir et d'espérance qui nous replonge dans les couleurs et motifs de l'époque, avec en arrière-fond l'œuvre musicale de Sylvie Vartan.

La Ruée vers l'or
Charlie Chaplin
MK2 Films, 1 h 30

Quoi de mieux que de revoir un film classique à Noël ? Pour les 100 ans du chef-d'œuvre *La Ruée vers l'or*, le Festival de Cannes a diffusé une restauration 4K de la version de 1925, réalisée dans le cadre du *Chaplin project*. L'occasion de s'émerveiller devant l'humour intemporel de Charlie Chaplin, et de visionner à nouveau les scènes inoubliables, comme celle de la danse des petits pains.

[CUISINER]

Saveurs dorées

Trois recettes pour illuminer la table pendant les repas de l'Avent.

Soufflé au fromage

Un délice au gruyère râpé savoureux et aérien, légèrement muscadé, qui se dégustera avec une simple salade verte. Prêts ? Soufflez !

Préchauffez le four thermostat 6 (180 °C).
Dans une casserole, faites un roux en faisant fondre le beurre et en y ajoutant la farine. Mélangez bien, jusqu'à ce que le beurre soit totalement absorbé.
Ajoutez le lait en continuant à mélanger.
Lorsque le mélange épaissit et commence à avoir la texture d'une béchamel, ajoutez le sel, le poivre et la muscade.
Incorporez les jaunes d'œufs (gardez bien les blancs) l'un après l'autre, en tournant toujours, puis le gruyère râpé.
Battez les blancs en neige très ferme.
Ajoutez-les délicatement à votre préparation, au dernier moment.
Beurrez et farinez le moule à soufflé (ou plusieurs petits*) et remplissez-le jusqu'à moitié.
Enfournez pendant 25 minutes environ sans ouvrir le four.
Quand le soufflé gonfle et déborde légèrement du moule, servez aussitôt.

Pour 4 personnes
Préparation 15 minutes
Cuisson 25 minutes

4 œufs
125 g de gruyère râpé
50 cl de lait
60 g de beurre
50 g de farine
1 pincée de noix de muscade
1 pincée de sel
1 pincée de poivre

* Utilisez plusieurs petits moules à soufflé pour réaliser des portions individuelles.

Ne remplissez pas votre moule à ras bord, sinon votre préparation n'aura pas la place de monter.

Photos : © AdobeStock

Soupe de navets boule d'or

Cette recette délicieuse de soupe aux navets boule d'or est onctueuse comme un velouté doux, chaud et réconfortant.
Épluchez et émincez le blanc de poireau.
Épluchez les navets au couteau (les navets ont une peau très épaisse, il faut tout enlever, ce que l'économe ne fait pas).
Coupez-les en morceaux.
Dans une grande casserole, faites suer le blanc de poireau avec le beurre.
Ajoutez les navets, le bouillon, le curcuma et l'eau bouillante.
Portez à ébullition et laissez cuire 25 minutes.
Quand la soupe est cuite, mixez-la avec la crème.
Servez avec des pluches de cerfeuil.

Pour 4 personnes • Préparation 15 minutes • Cuisson 25 minutes

- 4 navets boule d'or
- 1 blanc de poireau
- 25 g de beurre
- 1/4 cuiller à café de curcuma
- 15 cl de crème fraîche liquide entière
- 1 litre d'eau bouillante
- 1/4 de dose de bouillon de légumes déshydraté
- Sel fin
- Poivre blanc du moulin

Contrairement à son cousin, le navet violet, le navet boule d'or est sucré avec un petit goût de noisette.

Muffins à la citrouille

Pour 6 personnes
Préparation 55 minutes
Cuisson 25 minutes

- 250 g de potiron
- 2 œufs
- 275 g de farine
- 100 g de sucre en poudre
- 1 sachet de levure chimique
- 75 g de beurre fondu
- 125 ml de lait
- 1 sachet de sucre vanillé
- 1 pincée de sel

Pour vous régaler en toute simplicité, nous vous proposons de réaliser ces savoureux muffins à la citrouille.
Coupez la chair de la citrouille en dés et faites-les cuire pendant 20 minutes dans une casserole d'eau bouillante.
Égouttez et réduisez en purée.
Dans un saladier, mélangez la farine, le sucre, le sucre vanillé, la levure chimique et le sel.
Ajoutez les œufs, le beurre fondu et le lait.
Mélangez bien. Ajoutez la purée de citrouille.
Mélangez.
Répartissez la préparation dans des moules à muffins. Enfournez pendant 25 minutes (four préchauffé à 180 °C).
Lorsque les muffins à la citrouille sont bien dorés, retirez-les du four.
Laissez refroidir avant de déguster.

Pour une touche croquante, parsemez les muffins de graines de courge grillées, de noisettes, etc.

Vous pouvez également ajouter des raisins secs dans la pâte pour une note gourmande.

L'aubergiste de la onzième heure

Ce conte nous embarque en Terre sainte, il y a quelque 2000 ans. Abiel se remémore la nuit où un jeune couple d'étrangers a demandé le gîte dans une auberge de Bethléem. L'auteur, Raphaël Buyse, est prêtre du diocèse de Lille, accompagnateur spirituel et écrivain.

La journée était enfin finie. Abiel Ben Tobias avait bien travaillé. Il faut dire qu'une auberge sur la route d'Emmaüs, ça donne du boulot, surtout les jours de fête. Tout était bien rangé. Noémi, son épouse, était déjà couchée et il n'allait pas attendre longtemps pour la rejoindre. Mais quelque chose le troublait : il avait reçu au bord du soir trois étrangers qui semblaient fatigués. Ils avaient commandé un cruchon de vin et une miche de pain. Il les avait servis, puis était reparti dans son arrière-cuisine. Il avait bien entendu que ça causait fort. Et puis d'un coup : plus rien. En revenant pour encaisser la note, il avait trouvé dans la salle vide quelques pièces qui traînaient sur la table : « Au moins, se dit-il étonné, ils ne se sont pas enfuis comme des voleurs. » Mais c'était curieux, le visage d'un des trois hôtes lui rappelait quelqu'un. Il y a des regards qu'on n'oublie pas ! Mais… qui ?

Mystérieusement, la nuit, tandis que le sommeil tardait à venir, lui revint un souvenir qu'il avait enfoui dans sa mémoire. Cela s'était passé dans l'auberge de Tobias, son père, à Bethléem. Chez eux, il faut le savoir, on faisait ce métier de père en fils.

C'était il y a bien longtemps, Abiel n'était encore qu'un petit garçon…

Un soir, un jeune couple d'étrangers avait demandé à Tobias une chambre à louer, mais son auberge était pleine. Il avait répondu :

– Il n'y a plus de place, Monsieur. Je suis désolé. Vous auriez dû venir plus tôt.

Il ne mentait pas. Il n'avait rien contre les étrangers, mais il y avait foule cette semaine-là à Bethléem, tant de familles étaient venues pour le recensement ! Déjà, il avait fait tout ce qu'il pouvait. Il avait même casé quelques personnes chez des voisins, en leur disant : « On ne peut pas les laisser dehors. »

Quant à la salle commune, où Abiel et ses copains se retrouvaient souvent pour jouer aux zélotes, elle était tellement pleine de monde qu'il se demandait même comment tous ces gens-là pourraient vraiment se reposer : ils étaient plus serrés que des olives dans une jarre ! À l'homme qui insistait, un nommé Joseph, Tobias avait répondu avec l'air agacé qu'ont quelquefois les personnes fatiguées :

– Je vous dis que je n'ai plus de place ici ! Plus de place, vous comprenez ? Allez dormir, si vous voulez, dans mon étable à deux pas de l'auberge. Pour une nuit ou deux, cela devrait aller.

Joseph n'avait pas refusé. Il sentait bien que cet homme ne pouvait pas faire davantage. Marie, enceinte jusqu'aux yeux, était restée dehors, fatiguée par la route, attendant que Joseph lui dise enfin où elle pourrait dormir.

Cette nuit-là, sur la paille de l'étable – une espèce de grotte –, elle sentit les premières contractions, la naissance s'annonçait. Joseph s'en alla tout affolé frapper à la porte de l'auberge :
– Ma femme va accoucher ! J'ai besoin d'aide !
Tobias, à moitié endormi, alla trouver son fils en bougonnant, sa lampe à huile fumante à la main.
– Réveille-toi, Abiel ! Allez, dépêche-toi !
Le jeune garçon ouvrit un œil ; il faisait encore nuit.
– Habille-toi, lui dit son père, cours chez Sarah et dis-lui de venir sans tarder. On a besoin d'elle ici.
L'enfant, les yeux gonflés de sommeil, enfila ses vêtements, puis ses sandales, et se faufila dans les ruelles noires de la vieille ville. Une petite heure après, il revenait avec Sarah, la sage-femme de Bethléem. Tobias les attendait devant la porte de la grange qui servait de débarras.

✻✻✻

C'est un garçon ! s'écria Sarah. Joseph, qui ne tenait pas à voir ces choses-là – « C'est une affaire de femmes », avait-il dit – était resté dehors. Il rentra dans l'étable éclairée par la flamme vacillante d'une torche. Abiel, qui était resté près de lui pour le soutenir pendant l'accouchement, entra aussi. Joseph se pencha sur l'enfant d'un air émerveillé. « C'est un garçon, un petit gars bien couillu, comme disent les gens de mon atelier ! » : l'échographie angélique que Marie avait faite neuf mois avant se confirmait. Joseph regarda Marie avec tendresse. Et Marie s'endormit…
Joseph sortit de l'étable, tout fou comme le sont les jeunes pères. Il cria dans la nuit :
– C'est un garçon ! C'est un garçon !
Une fenêtre s'ouvrit :
– Parlez moins fort, Monsieur. Il y a des gens qui dorment ! Et puis, vous allez finir par réveiller le Bon Dieu !
Abiel sursauta au cri de l'inconnu et regarda le ciel : chacun sait bien que c'est là qu'habite le Seigneur ! Et il vit une scène que seuls les enfants et les poètes sont capables de saisir.

Le Bon Dieu se réveillait, tout blême.
– Quelque chose ne va pas, Très Saint Seigneur ? lui demanda l'ange Gabriel.
– J'ai peut-être fait une gaffe, répondit Dieu. C'est un garçon, et certains vont s'y croire. Parce qu'ils ont les mêmes attributs que lui, ils vont se croire plus importants, plus légitimes pour parler en mon nom. Je les entends déjà, dans quelques siècles, dire : « Oui, mais Jésus était un homme. » Rien que d'y penser, ça me retourne. Ce n'est pas cela que je voulais. J'aurais peut-être dû envoyer… une fille. Cela aurait peut-être changé le cours de l'histoire !
Puis il se tut, songeur. Les anges étaient bien embêtés. Dieu avait l'air sacrément ennuyé.
– Enfin, c'est fait, c'est fait, reprit le Bon Dieu : c'est mon enfant et c'est un mâle. Va falloir assumer !
Les anges se regardèrent d'un air dubitatif. C'est bien normal de ne pas comprendre ces choses-là : que voulez-vous, quand on n'a pas de sexe…
Après un long silence, Dieu reprit la parole :
– Je ne suis pas bête. Je devine bien que cet enfant ne mènera pas une vie facile. Il va leur parler de vie, d'amour, de liberté et de pardon : on lui rira au nez. Il dira que les gens sont bien plus importants que les lois, et qu'il vaut mieux servir qu'être servi. Il racontera des petites histoires qui feront sourire les pauvres, car seuls les simples comprendront. Ça va les agacer, les sages et les savants, et ça se terminera mal. Ils le mettront à mort, je vois ça venir, c'est

gros comme une étoile. Je le sais de toute éternité, mais je ne pouvais pas faire l'économie d'aller à leur rencontre.

Il se tut. Les anges se regardaient. Puis il reprit :

– Je sais ce que je vais faire : je ne baisserai pas les bras. S'ils le font taire et s'ils le tuent, je le leur rendrai. Et pour toujours. Je ne pourrai jamais laisser tomber l'humanité, qui m'est plus chère que la prunelle de mes yeux. Je le ressusciterai !

Avec un peu de soleil dans le regard et un sourire coquin, il ajouta encore :

– Et puisque la moitié des hommes sont des femmes, je lui demanderai de se révéler, en tout premier, à une femme. Et pas des moindres : il y en a une fameuse qui vient de naître, du côté de Magdala. Il en fera la première des Apôtres. Cela devrait corriger le tir.

– Vous pouvez toujours essayer, Très Saint Seigneur, mais les hommes ont le caleçon long ! répondit Raphaël, en pouffant de rire sans même comprendre ce qu'il voulait dire.

Les anges éclatèrent de rire si fort que les bergers des environs prirent ça pour des cantiques – il faut dire que les bergers ont l'ouïe fine, l'humour facile (enfin certains...) et le cœur large. Et les anges clignèrent tellement vite des yeux qu'à l'autre bout d'Ailleurs, des mages prirent ces étincelles pour des éclats d'étoiles. Alors ils se mirent en route.

Abiel, lui, avait tout entendu...

***

Le lendemain, dès potron-minet, les bergers s'arrêtèrent dans l'auberge de Tobias pour boire un verre avant de repartir aux champs et garder leurs troupeaux. Ils étaient venus dans la nuit jusqu'à l'étable. Ils avaient l'air bien « allumés » : ils parlèrent à Tobias de chœurs célestes. Pensant qu'ils avaient assez bu, l'aubergiste hésita même à les resservir ! Mais ils n'étaient pas ivres, ils étaient seulement tout joyeux. En causant, ils apprirent à Tobias que la jeune femme avait accouché d'un petit garçon. Ils étaient tout bouleversés. Cette affaire-là, c'est drôle, ça leur parlait de Dieu, souvent inattendu.

Tobias s'en voulut de ne pas avoir ouvert son gîte, la veille, au couple d'amoureux qui attendait l'enfant.

– Si j'avais su ! répétait-il en servant ses premiers clients.

Il serait bien allé tout de suite jusqu'à l'étable pour s'excuser, pour porter quelques vivres, des couvertures, et récupérer son fils Abiel qui n'était pas encore rentré. Mais le boulot était là, et il fallait le faire : des repas à préparer, des va-et-vient continuels, des voyageurs en partance et d'autres qui arrivaient. Et des clients pas toujours drôles. Il fallait donc qu'il bosse, l'ami !

Ce n'est que vers la onzième heure qu'il eut enfin le temps de se rendre – sans même ôter son tablier – auprès du nouveau-né. Abiel l'attendait à la porte de la grange. Il conversait tout tranquillement avec Joseph, encore aux anges.

Tobias se fâcha :

– Abiel, je t'avais dit de rentrer. Que fais-tu encore ici ? Il y a du travail !

Abiel répondit :

– Parle moins fort, papa ! La maman dort encore.

Il ajouta, sans même savoir ce qu'il disait : « Tu vas finir par réveiller le Bon Dieu ! »

Un jour, Marie racontera à son enfant l'histoire de l'aubergiste de la onzième heure venu lui rendre visite, tout abîmé dans ses excuses. Ce pauvre homme était plus gêné par son sentiment d'avoir failli à son devoir d'hospitalité qu'émerveillé par cet enfant qui donnait à l'étable une lumière de Noël. On aurait dit que Tobias était plus écrasé par ce qu'il considérait comme une faute que mis debout par une Bonne Nouvelle qui se présentait à lui. Il y a des gens comme ça... Et cette histoire amuserait Jésus. Il en ferait une de ces petites paraboles dont il aurait le secret, une de plus.

C'est vrai qu'il s'en voulait, Tobias, d'avoir failli à l'hospitalité. Il fallut que Marie le rassure et que Joseph insiste, et qu'ils lui disent que cela ne faisait rien, qu'ils ne lui en voulaient pas, que tout s'était très bien passé, que l'enfant se portait bien et que Dieu – « rassurez-vous, Monsieur ! » – ne lui en voudrait pas. Ils ajoutèrent aussi : « Vous avez bien de la chance d'avoir un fiston comme Abiel ! » L'enfant rougit : il avait seulement fait ce qu'il pouvait. Dieu

ne demande jamais de faire l'impossible ; ça, il se charge toujours de le faire lui-même. Tobias prit son fils par la main, regarda l'enfant et la jeune femme. Joseph croisa longuement le regard d'Abiel : on les aurait dits un peu complices, maintenant.
L'aubergiste sortit de l'étable avec son fils et regagna la maison, sans plus se presser, comme si quelque chose s'était passé en lui, quelque chose de nouveau… Comme si l'enfant né dans la nuit avait ouvert pour lui les sources d'une nouvelle qualité d'être. Ne plus courir après le vent mais savourer le présent, le bonheur d'être vivant et témoin de la vie. Désormais, lorsque quelqu'un viendrait chez lui, c'est sûr, Tobias prendrait le temps d'en savoir plus. Lorsque quelqu'un entrerait dans son auberge, il regarderait toujours dehors pour voir s'il n'y avait pas quelqu'un d'autre resté sur le trottoir. Il saurait, depuis ce matin de Noël, qu'il y a souvent un Autre derrière celui qui vient. C'est drôle comme ce genre d'événement déchire les mornes horizons et donne un nouveau souffle à la vie ordinaire.

✽✽✽

Les heures avaient passé. Marie se remettait doucement. Elle et Joseph avaient demandé à rester là un peu, sans prendre la chambre que Tobias leur proposait pour se faire pardonner – sa propre chambre.
Le lendemain, Abiel vit passer dans la ruelle de l'auberge deux personnes âgées avec un petit enfant : on aurait dit deux grands-parents qui promenaient leur petit-fils. Ils demandèrent à Abiel s'il avait vu un jeune couple venu de Galilée.
– Marie et Joseph ? Pour sûr que je les ai vus. Et ils ont même un petit bébé. Ils sont dans une étable de mon père.
Abiel les conduisit jusqu'à la crèche et apprit sur le chemin qu'ils venaient d'Ein Kerem, qu'ils s'appelaient Élisabeth et Zacharie et que le petit, qui avait six mois, n'était pas leur petit-fils mais leur enfant.
« Bizarre, bizarre ! », songea Abiel.
Il s'effaça pour laisser entrer les deux vieillards dans l'étable. Marie était assise, elle donnait le sein au petit. Elle avait meilleure mine. Elle chantonnait. Le

vieux couple s'approcha. Leur petit gars – il s'appelait Jean – pointa son doigt vers le bébé. Le bébé sursauta et ils se mirent à frétiller comme des poissons sortis des eaux du Jourdain. On aurait dit qu'ils se retrouvaient. Allez comprendre ! Ça nous échappe tout ça…
Trois jours plus tard, on vit se garer en double file devant l'étable une caravane qui semblait venir de loin. Dans la bourgade, des rumeurs avaient précédé cet équipage étrange. Un Bethléemite qui faisait ses courses à Jérusalem l'avait aperçu aux portes du palais d'Hérode et l'avait vu prendre ensuite la route de Bethléem.
Abiel, toujours pressé d'aller voir ses nouveaux amis, partit en courant vers l'étable. Il entra dans la crèche.
Il y avait là trois inconnus. Bien sapés, il faut le dire. On se serait cru dans une scène des Mille et une nuits. Les gens du village, curieux, s'étaient massés dehors, près des chameaux. Les visiteurs ne parlaient pas le patois du pays. On comprenait seulement qu'ils venaient de tout là-bas, on va dire de l'Orient, de là où se lève le jour.
À l'intérieur, Marie, elle, était dans ses petits souliers, pas très à l'aise devant ces visiteurs. Les mages habillés comme des rois se tenaient devant le nouveau-né et palabraient entre eux, dans une langue inconnue, en consultant des cartes et des pendules.
Joseph et Marie étaient des gens tout simples,

des gens de la campagne. Ils ne savaient rien des sciences savantes, des autres mondes et des astres du ciel. Rien. Ah, si ! en bonne fille d'Israël, Marie savait qu'un Soleil de justice se lèverait un jour sur le peuple de la nuit. Ce qu'elle savait par cœur, surtout, c'était la douceur de la lumière de Galilée, le chant de la source où elle allait chaque matin puiser de l'eau. C'est là d'ailleurs que, pour la première fois, elle avait croisé le regard de son amoureux. Ce qu'elle savait, Marie, c'était la joie toute simple, la paix du cœur qui est la fille de la confiance. Elle savait aussi – mais ça, c'était encore un secret – que Dieu élève les humbles.

Quand elle vit les mages entrer dans cette étable où elle venait de mettre au monde l'enfant, elle se sentit très impressionnée ! Et puis voilà qu'ils mettaient un genou à terre, qu'ils se prosternaient devant l'enfant et lui tenaient des discours comme on en fait aux grands. Abiel crut entendre des sortes de *salam aleykoum*. Ils s'adressaient à Marie comme à une reine mère ; et ils appelaient l'enfant – qui ne comprenait rien à tout ce charabia – « Grand Dieu » par-ci, et « Majesté » par-là.

Joseph ne disait rien : il n'en pensait pas plus. Abiel et lui se regardaient en silence.

Et voilà-t-y pas que les visiteurs sortaient de leurs coffrets toute la richesse de leur pays : des parfums, de l'encens et – vous ne le croirez pas ! – de l'or. Marie n'avait jamais vu d'or, et elle ne connaissait rien aux parfums de grande marque. Quant à l'encens, ça lui rappelait le Temple. Abiel vit bien que les jeunes parents étaient gênés devant une telle liturgie. Terriblement gênés.

L'enfant, lui, dormait. Il s'était réveillé quand les bergers étaient repassés par là un peu plus tôt pour lui présenter leurs chiens. Il avait gigoté quand un chiot s'était mis à le lécher : on aurait dit qu'il souriait. Heureux de cet hommage canin, il s'était rendormi. Mais le discours académique des mages qui expliquaient comment leurs calculs compliqués, leurs études sérieuses et leurs déductions finaudes leur avaient permis de venir jusqu'à ce lieu, laissa l'enfant dans un profond sommeil. Les mots savants et les courbettes ne le touchaient guère, pas plus qu'ils ne touchaient vraiment les jeunes parents. Ça n'en finissait pas ! C'était beau, c'était brillant, mais décalé, comme on dit aujourd'hui. C'était froid comme de l'or.

***

Dehors, les villageois trouvaient la scène cocasse : tout pauvres qu'ils étaient, ils n'enviaient rien aux riches et étranges visiteurs. Ils se sentaient solidaires des serviteurs qui attendaient, dans le froid du matin, que leurs maîtres aient fini leur visite. Quelques-uns s'amusaient même de la situation. Ils se moquaient un peu, ils mimaient les courbettes. Avec respect, bien sûr, mais ils rigolaient quand même !

Lasse, peut-être même attristée par ces discours lointains, Marie prit la parole :

– Amis, parlez-nous donc de vous. Avez-vous fait bonne route ? Où sont donc vos familles ? Parlez-nous de chez vous ! Qui sont ces gens qui sont restés dehors ? Faites-les entrer aussi !

Alors le ton changea, comme si les mages n'attendaient qu'un signal. Et on se mit à parler des enfants qui poussent et qui donnent du souci, des villages traversés, des personnes rencontrées. L'un des mages raconta son histoire : il partagea ce qui le mettait en joie et ce qui lui faisait peur. Il raconta ses espoirs et ses tristesses d'homme. C'était la première fois, sans doute, qu'il parlait de lui. Habituellement, il parlait de son savoir. Un autre parla de son travail qui le passionnait et de sa fatigue aussi : les mages, ça travaille beaucoup la nuit. Le troisième fit entrer ses serviteurs et les présenta à la petite famille de Bethléem. Jamais les serviteurs n'avaient été conviés à un cocktail mondain. Mais là, on aurait dit que tout se simplifiait : la vie devenait un cadeau. On était devant l'enfant comme autour d'un feu qui donne aux choses et aux personnes une lumière nouvelle. Fini les envolées : Marie avait ouvert les portes de la simplicité.

Tobias, qui avait flairé de potentiels nouveaux clients, avait accouru. Il servait du jus de dattes et en buvait aussi. On était devant l'enfant comme en famille, et ça faisait du bien. Le nouveau-né, charmé par le tohu-bohu qui avait remplacé l'austère discours des mages, s'était de nouveau réveillé. Il souriait (aux anges). On se le passait de bras en bras ; visiblement, ça lui plaisait.

En l'ayant dans ses bras, un des mages, tout ému, se mit à parler de son premier enfant avec tendresse ce qui – pour un mage de son rang – était une chose rare ! Un autre cherchait, comme on le fait souvent devant un nouveau-né, des airs de ressemblance. Cela faisait doucement sourire Joseph. Marie ne disait rien, mais elle ne pouvait s'empêcher de trouver qu'il y avait entre ce petit enfant et tous ceux qui étaient là comme un air de famille. Allez comprendre pourquoi !

Tout était devenu simple. On existait. On était enfin soi et non plus « celui qu'on pense que les autres attendent ». On n'était plus « celui qu'on croit devoir être devant Jésus ». Dans la grange de l'étoile, chacun était devenu vrai. L'enfant ferma les yeux. On aurait dit qu'il voulait recueillir en lui tout ce qu'il avait entendu, la densité de vie tout ordinaire que l'on avait partagée là, et que ceux qui n'aiment pas vraiment la vie appellent inconsistance. On aurait dit que l'enfant s'était saisi de toute la vie de ces hommes et de ces femmes, et se plaisait – cela se voyait sur son visage – à la tourner vers un Autre. Mais vers qui ? Un jour, on l'apprendrait, c'est au Père des sources qu'il présentait toute vie.

Chacun, maintenant, se taisait et regardait l'enfant. La paix de son visage se reflétait sur le visage des grands, et c'était beau à voir. Cela faisait sourire Marie. Est-ce que c'est cela, l'admirable échange dont nous parle la liturgie de Noël ? « Père, lorsque ton Fils prend la condition de l'homme, la nature humaine en reçoit une incomparable noblesse. »

Après un long moment de silence, les mages s'en allèrent doucement, mais par un autre chemin. Plus tout à fait les mêmes. Ou plutôt si : plus justement eux-mêmes !

✻✻✻

Dans son auberge d'Emmaüs, Abiel ne dormait pas. En se souvenant de cette histoire qui datait d'une bonne trentaine d'années, il continuait de remuer dans sa mémoire l'étrange

visite des trois hommes de ce soir. Ne trouvant pas le sommeil, il se leva et regarda par la fenêtre. Une étoile filante traversa le ciel noir. Il entendit au loin les bêlements d'un troupeau de moutons.

Il comprit soudainement d'où lui venait cette impression d'avoir déjà croisé le visage d'un des clients du soir : il y avait dans le regard d'un des trois la même lumière que celle perçue dans les yeux de ce Joseph rencontré quelque trente ans plus tôt. Et cela le fit partir dans un grand éclat de rire !

– Mais tais-toi donc, Abiel, s'écria sa femme sortie de son sommeil. Tu vas finir par réveiller le Bon Dieu…

Fin

Note de l'auteur : « Je vous raconte tout ça, vingt siècles après toute cette affaire, vous me croirez si vous le voulez. D'accord, j'ai brodé, et j'en ai rajouté. Mais peut-être pas tant que ça. Je suis aussi, à ma façon, tavernier, et dans notre milieu, on se raconte des histoires comme celle-là : il faut toujours bien lire entre les lignes… »

Texte : Raphaël Buyse pour *Panorama* décembre 2023. Dessins : Pomme.

[OBSERVER]

Le ciel de Noël

Veillons et émerveillons-nous devant le ciel étoilé du 24 décembre 2025 à 23 heures (dans l'hémisphère nord).

Pourquoi l'est et l'ouest sont-ils inversés sur la carte ?

Les cartes de géographie montrent l'ouest à gauche et l'est à droite car elles sont faites pour être lues posées sur le sol. Pour les cartes du ciel, il y a un effet miroir comme si la carte était « posée » sur le ciel.
Debout, orientez-vous face au sud, puis allongez-vous sur le dos. Tenez la carte au-dessus de votre tête : le nord est à votre tête, le sud est à vos pieds, l'est est à votre gauche et l'ouest à votre droite.

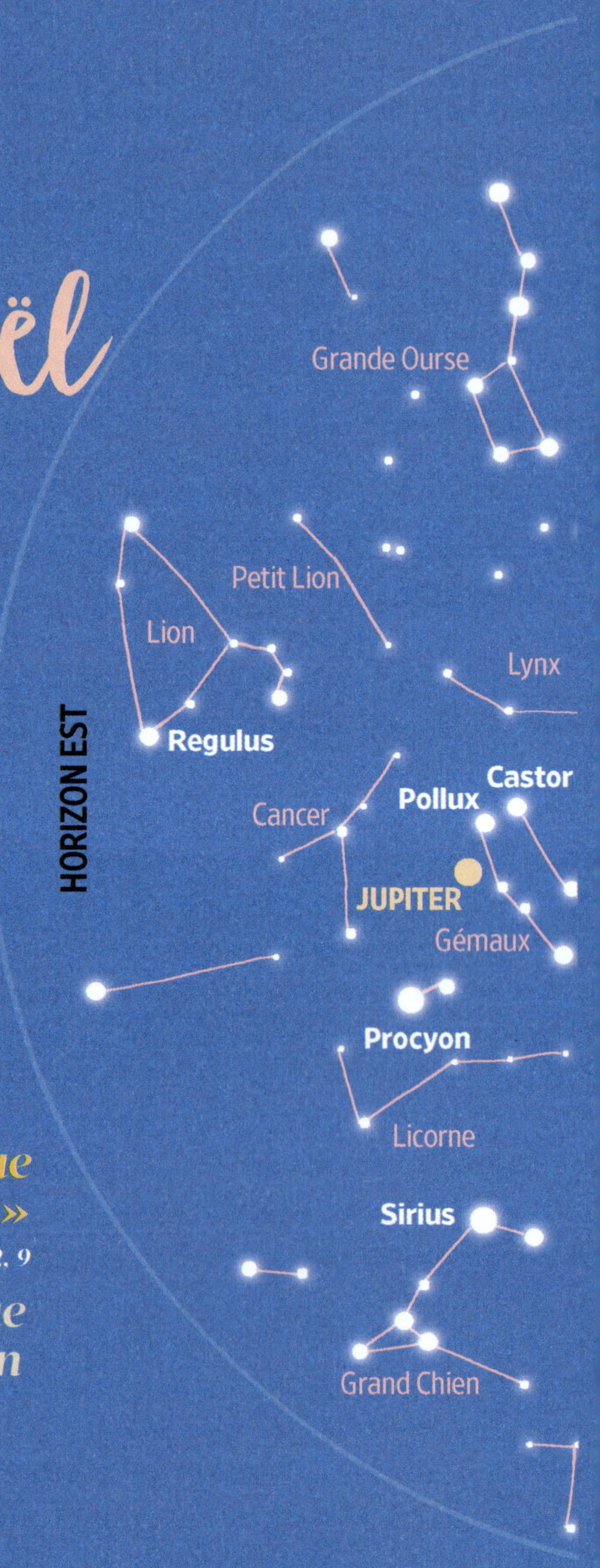

« Regarde le ciel, et compte les étoiles, si tu le peux… Telle sera ta descendance ! »
Genèse 15, 5

« L'étoile qu'ils avaient vue à l'orient les précédait. »
Matthieu 2, 9

« Jusqu'à ce que l'étoile du matin se lève dans vos cœurs. »
2 Pierre 1, 19

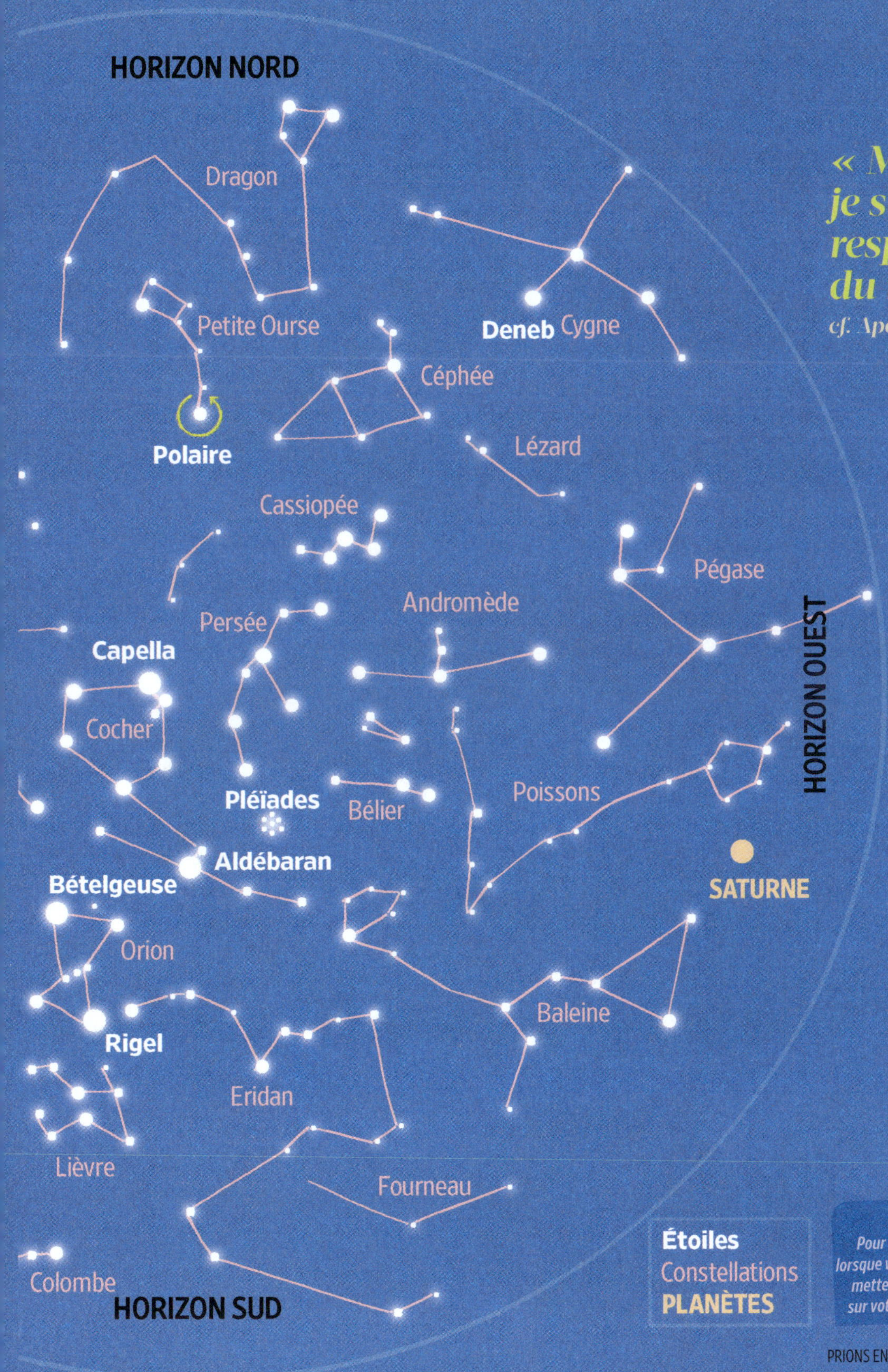

« Moi, Jésus, je suis l'étoile resplendissante du matin. »

cf. Apocalypse 22, 16

« Les étoiles brillent, joyeuses, à leur poste de veille. »

Baruch 3, 34

Astuce !
Pour regarder la carte lorsque vous observez le ciel, mettez un chiffon rouge sur votre lampe de poche.

Sources : cidehom.com ; stelvision.com

La couronne des évangiles de l'Avent

Chaque évangile
des quatre dimanches de l'Avent
nous incite à veiller.

Allez voir
EN PAGE 45
comment monter
votre couronne

DIMANCHE 30 NOVEMBRE

1

« Telle sera la venue du Fils de l'homme. »

DIMANCHE 7 DÉCEMBRE

2

« Préparez le chemin du Seigneur, rendez droits ses sentiers. »

DIMANCHE 14 DÉCEMBRE

3

« Es-tu celui qui doit venir, ou devons-nous en attendre un autre ? »

DIMANCHE 21 DÉCEMBRE

4

« Tout cela est arrivé pour que soit accomplie la parole du Seigneur. »

Pliez >
Collez
Collez
Pliez >
Collez
Pliez >
Collez
Pliez >
Collez

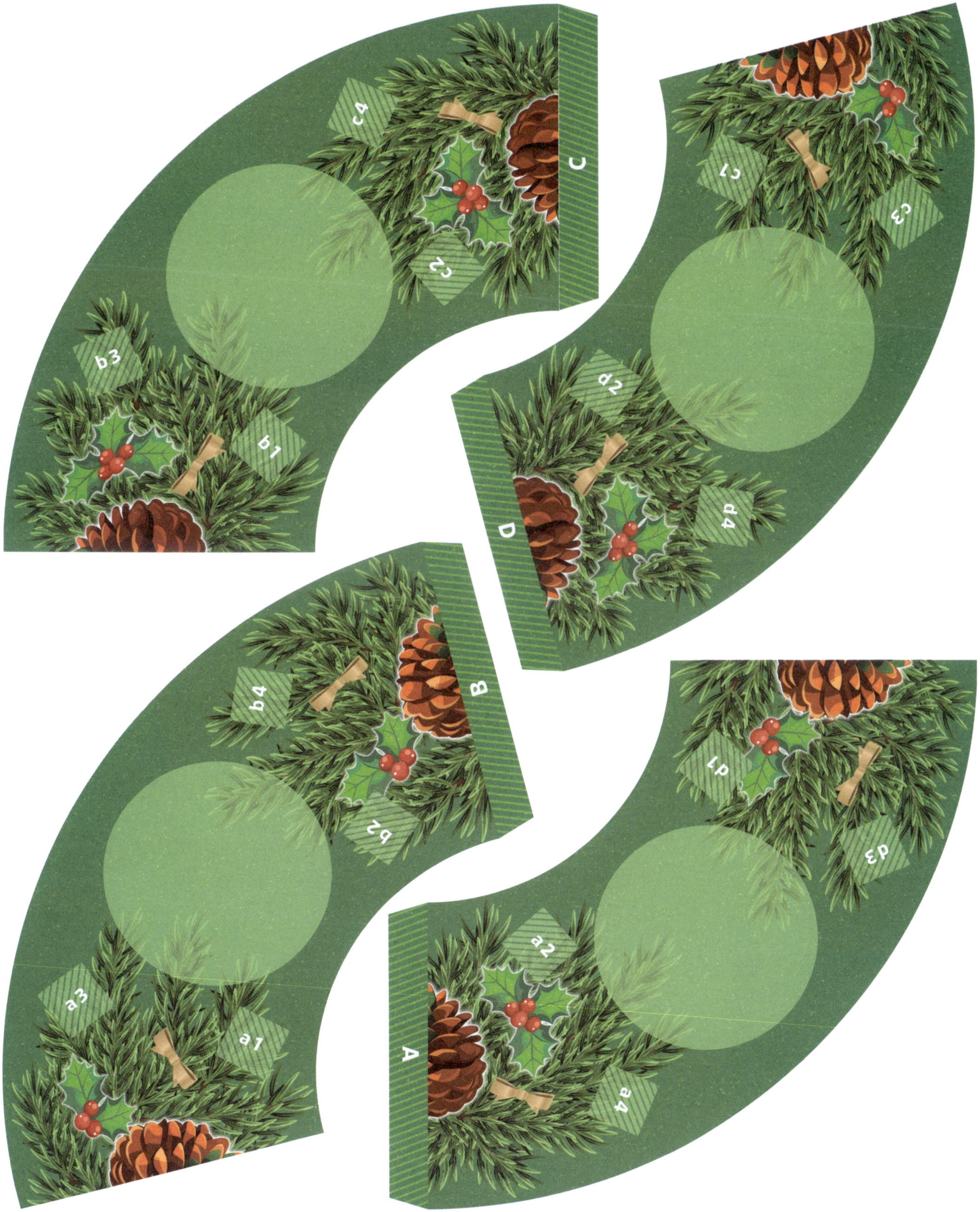

c4
C
c2
b3
b1
c1
c3
d2
D
d4
b4
B
b2
d1
d3
a3
a1
a2
A
a4

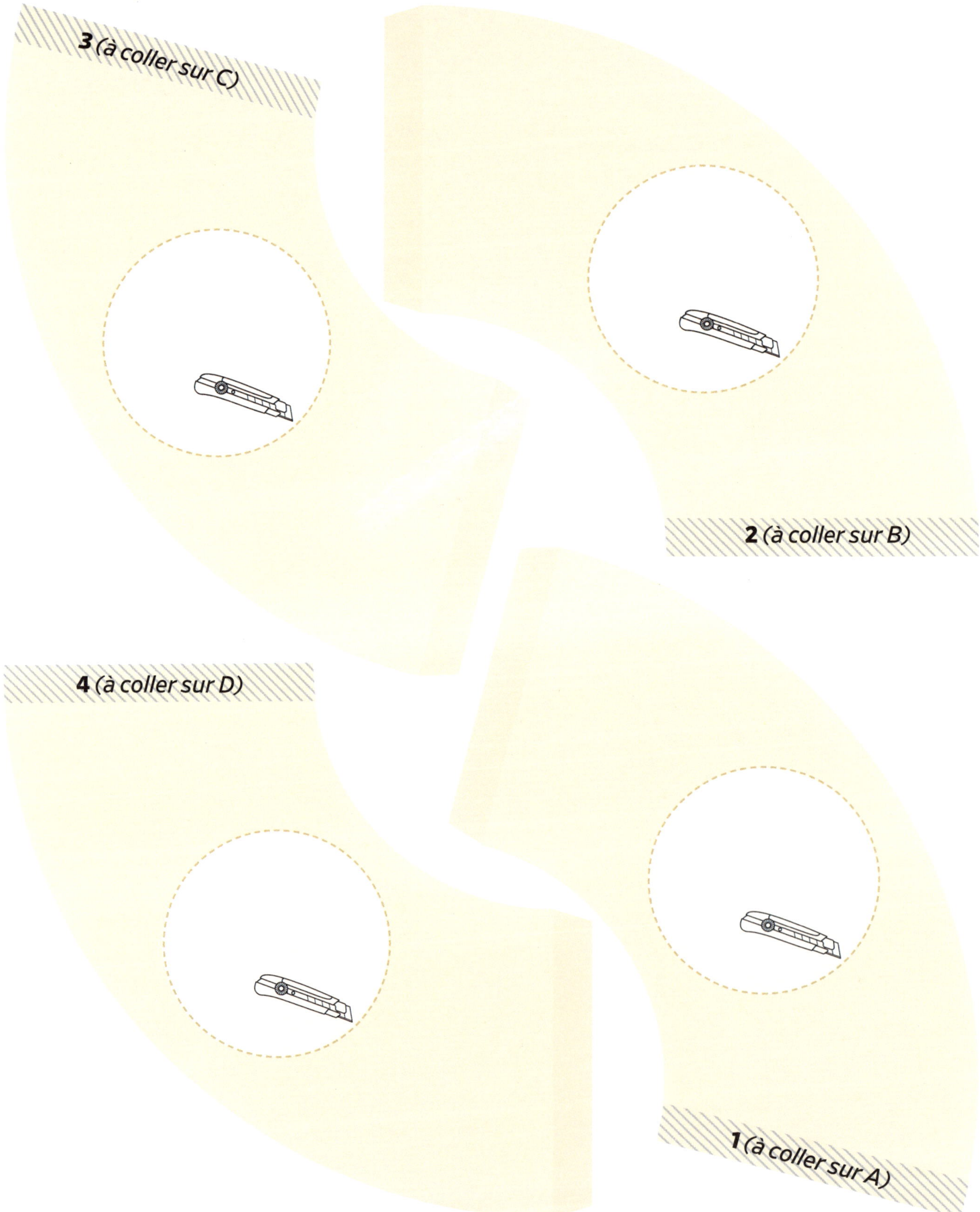

3 (à coller sur C)
2 (à coller sur B)
4 (à coller sur D)
1 (à coller sur A)

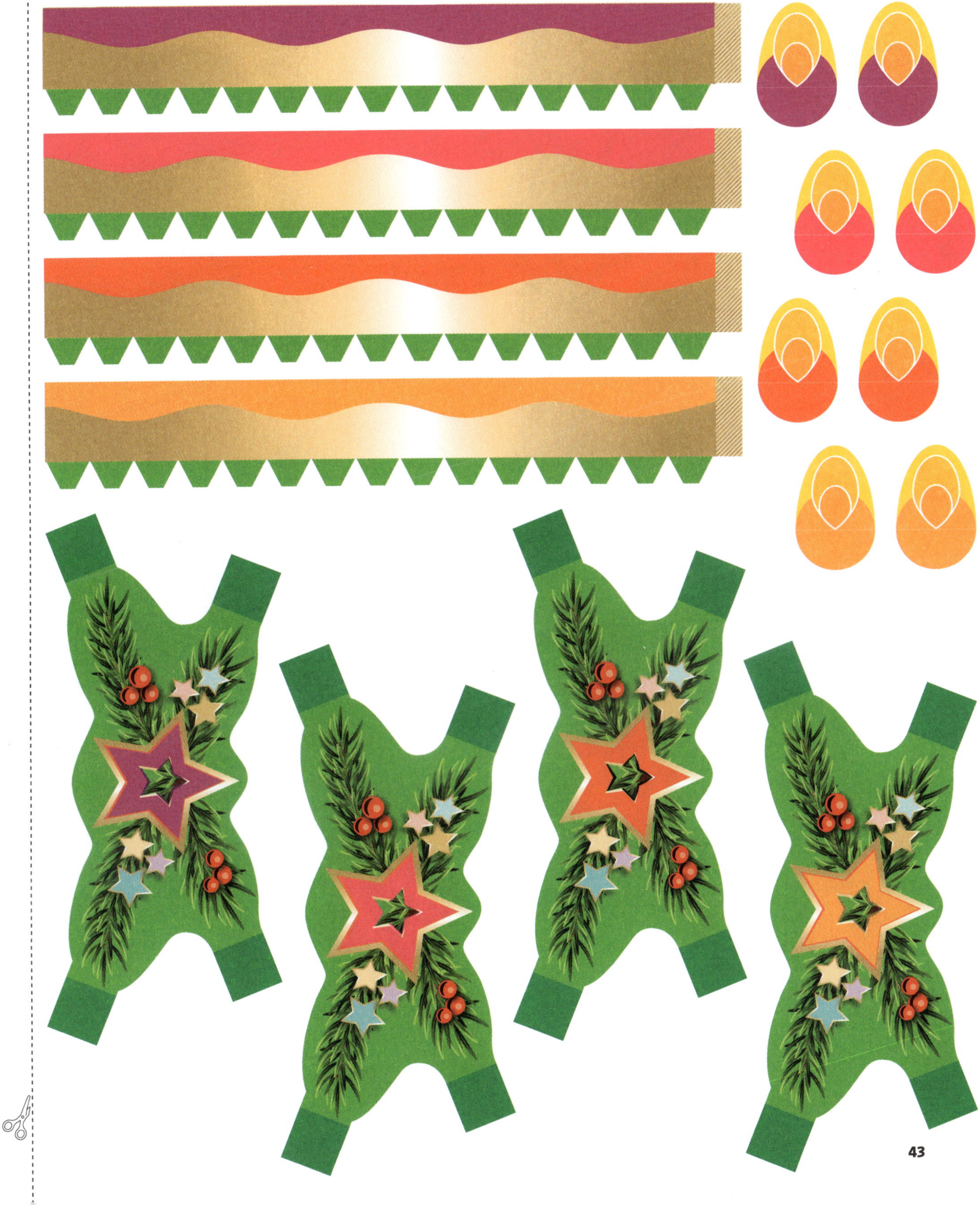

Collez sur •
Pliez >
Collez sur bougie 1
Collez sur ▲
Collez sur bougie 2
< Pliez
Collez sur ◀
Pliez >
Collez sur bougie 3
Collez sur ■
Collez sur bougie 4
< Pliez
Pliez vers l'extérieur
Pliez vers l'extérieur
Pliez vers l'extérieur
Pliez vers l'extérieur
Collez sur d1
< Pliez
Collez sur d3
< Pliez
Collez sur d
< Pliez
Collez su d4
< Pliez
Collez sur b1
< Pliez
Collez sur b3
< Pliez
Collez sur b2
< Pliez
Collez sur b4
Pliez >
Collez sur c1
< Pliez
Collez sur c3
< Pliez
Collez sur c2
< Pliez
Collez sur c4
< Pliez
Collez sur d1
< Pliez
Collez sur d3
Pliez >
Collez sur d 2
< Pliez
Collez sur d 4
Pliez >

Commencez par découper tous les éléments.

Comment fabriquer votre couronne

LES BOUGIES

1. Utilisez le cutter pour découper les créneaux et pliez-les vers l'extérieur.

2. Formez un cylindre avec la bande de papier en collant au niveau de la languette hachurée. Attendez en appuyant le temps que ce soit bien collé.

3. Posez de la colle sur la partie hachurée des cercles puis positionnez le cercle en haut du cylindre.

4. Retournez la bougie, collez le cercle au cylindre en appuyant avec vos doigts ou un crayon sur les créneaux.

5. Pliez la base des flammes au niveau des pointillés et collez-les ensemble selon les repères.

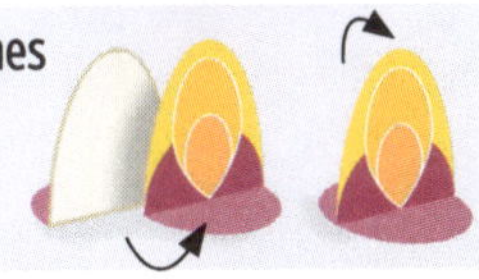

6. Collez les flammes sur les bougies en fonction de leur couleur.

LA BASE

1. Évidez les cercles vert clair à l'aide d'un cutter en suivant les pointillés au verso.

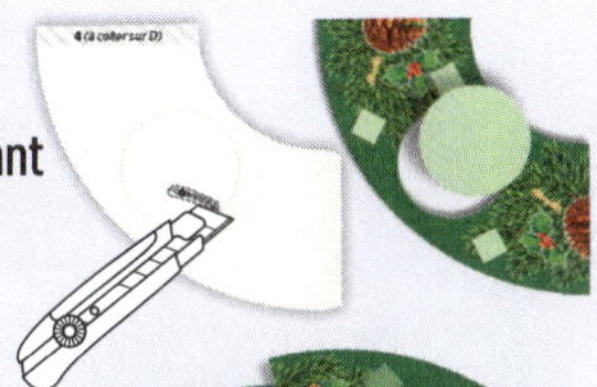

2. Collez les quatre arceaux ensemble selon les repères.

LES DÉCORS

1. Pliez les quatre coins vert foncé vers l'extérieur et posez de la colle au dos.

2. Collez le décor en positionnant les carrés vert foncé sur les carrés vert clair selon les repères au verso

LES SUPPORTS DES BOUGIES

1. Pliez les créneaux des supports de bougies vers l'extérieur.

2. Formez un cylindre avec la bande en collant sur les hachures.

3. Glissez le support dans la base en l'introduisant par en-dessous.

4. Placez la bougie dans le support.

© Getty Images

« Es-tu celui qui doit venir, ou devons-nous en attendre un autre? »

Matthieu 11, 3

L'Évangile du troisième dimanche de l'Avent

LIRE

ÉVANGILE DE JÉSUS CHRIST SELON SAINT MATTHIEU 11, 2-11

« Es-tu celui qui doit venir, ou devons-nous en attendre un autre? »

En ce temps-là, Jean le Baptiste entendit parler, dans sa prison, des œuvres réalisées par le Christ. Il lui envoya ses disciples et, par eux, lui demanda: « Es-tu celui qui doit venir, ou devons-nous en attendre un autre? » Jésus leur répondit: « Allez annoncer à Jean ce que vous entendez et voyez: Les aveugles retrouvent la vue, et les boiteux marchent, les lépreux sont purifiés, et les sourds entendent, les morts ressuscitent, et les pauvres reçoivent la Bonne Nouvelle. Heureux celui pour qui je ne suis pas une occasion de chute! »

Tandis que les envoyés de Jean s'en allaient, Jésus se mit à dire aux foules à propos de Jean: « Qu'êtes-vous allés regarder au désert? un roseau agité par le vent? Alors, qu'êtes-vous donc allés voir? un homme habillé de façon raffinée? Mais ceux qui portent de tels vêtements vivent dans les palais des rois. Alors, qu'êtes-vous allés voir? un prophète? Oui, je vous le dis, et bien plus qu'un prophète. C'est de lui qu'il est écrit: *Voici que j'envoie mon messager en avant de toi, pour préparer le chemin devant toi.* Amen, je vous le dis: Parmi ceux qui sont nés d'une femme, personne ne s'est levé de plus grand que Jean le Baptiste; et cependant le plus petit dans le royaume des Cieux est plus grand que lui. »

La couronne de l'Avent

Vous pouvez poser votre troisième bougie en papier sur votre couronne.

VOIR PAGE 42

APPROFONDIR

Quand Dieu bouleverse nos attentes

« Es-tu bien celui qui doit venir ? » Si Jean le Précurseur pose une telle question, ne nous étonnons pas d'avoir nous aussi bon nombre d'interrogations. Ne manifestent-elles pas une foi vivante et une authenticité dans notre quête d'un Dieu ?

LE TEMPS DE LA PRÉPARATION

« *J'écoute : que dira le Seigneur ?* »
(Ps 84 [85], 9)

LE TEMPS DE L'OBSERVATION

Jean Baptiste interroge par le biais de ses disciples. Jésus ne correspond pas pleinement à celui qu'il attendait et annonçait : un Messie purificateur par le feu (cf. Mt 3, 12). Sa vision s'appuie sur des textes prophétiques de l'Ancien Testament, sachant que le feu dont il est question peut être également compris comme le feu de l'amour et que toute visite de Dieu implique un ajustement parfois douloureux. Jésus, quant à lui, s'aligne sur d'autres textes prophétiques mettant en avant la face lumineuse de cette même visite puisqu'il y est question de restauration, de guérison, de renouvellement. Si Jean insiste sur le côté âpre, Jésus parle des manifestations heureuses de sa venue. Le questionnement de Jean est en consonance avec les Écritures. En référence à la manne – « *mann hou* » : « qu'est-ce que c'est ? » (Ex 16, 15). Le rabbin et philosophe Marc-Alain Ouaknin fait remarquer qu'Israël s'est nourri de questions tout au long de son périple au désert. Interroger et s'interroger apparaissant ainsi comme l'une des spécificités du peuple de Dieu.

LE TEMPS DE LA MÉDITATION

L'évangile nous invite à nous laisser surprendre, à nous exposer à ce qui nous dérange, à ne pas nous satisfaire des réponses acquises ou toutes faites sans chercher à creuser à partir de ce que nous avons compris et déjà expérimenté. Une attitude du cœur qui peut parfois nous éprouver car elle remet en question nos savoirs, toujours partiels, et prend à revers notre tendance à la paresse spirituelle. Mais le Christ ne nous invite-t-il pas à marcher à sa suite, une métaphore qui en dit long sur ce qu'est un chemin de foi ? À marcher et à questionner comme Jean le Baptiste, à marcher et à dialoguer comme les disciples d'Emmaüs : dans la confrontation aux Écritures, dans la prière, dans l'échange avec d'autres. Mais il ne suffit pas d'interroger, encore nous appartient-il d'écouter la réponse, même si celle-ci nous conduit à de coûteux déplacements.

LE TEMPS DE LA PRIÈRE

« *Ce que dit le Seigneur, c'est la paix [...]*
Son salut est proche de ceux
qui le craignent et la gloire habitera
notre terre. »
(Ps 84 [85], 9.10)

Emmanuelle Billoteau, ermite

Le sapin

La famille est réunie autour du sapin, dressé au cœur de la maison. Cet arbre de vie est à la fois mémoire d'enfance et promesse de fête. Tels des fruits suspendus à ses branches, les boules reflètent la lumière. Nous aussi, nous sommes appelés à refléter la lumière du Christ.

« *Il est comme un arbre planté près d'un ruisseau, qui donne du fruit en son temps.* »
Psaume 1, 3

Jacques de Rochefort
« La nature, notre alliée »

Jacques de Rochefort, 76 ans, amoureux de la Création depuis l'enfance, s'est mis à l'agriculture biologique il y a vingt-cinq ans. Il nous parle de son itinéraire et de sa philosophie de vie.

Quel a été votre premier contact avec la nature ?

J'ai baigné dans la nature depuis ma naissance ! Mon père était agriculteur en Sologne. Je l'ai accompagné dès l'âge de 5 ans dans les travaux des champs et j'aimais cela. J'étais fasciné par le cycle de la nature, les saisons et leurs attraits. Il était également chasseur, un chasseur respectueux des animaux. Il m'a transmis un profond respect pour la Création et une connaissance de ce que nous appelons aujourd'hui les écosystèmes. Tout est lié : le soin apporté à la terre, à la forêt et aux animaux rejaillit sur l'homme, sa santé et son équilibre de vie.

Avez-vous toujours su que vous deviendriez agriculteur ?

J'ai toujours voulu avoir un travail en lien avec la nature. Mon père me déconseillait de m'installer en Sologne, car les terres étaient pauvres et nécessitaient un énorme travail pour finalement peu de résultat. J'ai, malgré tout, fait des études agricoles et je suis devenu paysagiste, un métier en lien avec la nature. En 1974, j'ai été embauché par le bureau d'études de Cofiroute consacré à la végétalisation des bas-côtés et des aires d'autoroutes. Nous avons travaillé et veillé à ce que les végétaux choisis puissent subvenir seuls à leurs besoins dans les lieux où ils étaient plantés. Nous avons imaginé et façonné des espaces afin qu'ils donnent des formes végétales harmonieuses une fois poussées. Puis, je me suis mis à mon compte. En 1979, j'ai eu l'opportunité de reprendre des terres venant de ma belle-famille à Patay dans le Loiret en pleine Beauce. J'ai cumulé alors deux emplois à plein temps : paysagiste et agriculteur !

Quel agriculteur êtes-vous devenu ?

Quand j'ai repris les terres, aidé par un autre agriculteur, j'ai continué à cultiver •••

[RENCONTRER]

Jacques de Rochefort, « aux confitures », août 2025.

D.R.

« Je veille sur la santé d'autrui en rendant le bio accessible à tous. »

D.R.

Jacques de Rochefort et son petit-fils Raphaël lors de la moisson du petit épeautre, à Patay (45).

••• en agriculture conventionnelle pendant plusieurs années. Je n'ai rien changé. Entre-temps, je me suis marié, j'ai eu des enfants. L'un d'entre eux a commencé à être en surpoids. Nous avons consulté une diététicienne qui nous a conseillé de manger des aliments complets et bios. Ma femme et moi n'avions pourtant pas eu l'impression de mal nous alimenter, mais nous avons suivi ses conseils. Nous avons commencé à acheter nos aliments dans une épicerie bio et notre santé s'est améliorée. Mais, parallèlement, j'ai continué à cultiver mes terres en utilisant comme les autres des engrais et des pesticides.

Comment êtes-vous passé d'une agriculture conventionnelle à une agriculture bio ?

En l'an 2000, je devais me rendre en Italie pour acheter des arbres chez un pépiniériste italien pour l'un de mes projets en tant que paysagiste. Nous en avons profité, ma femme et moi, pour nous rendre au jubilé des familles à Rome. Le jubilé est une invitation à se convertir et à se renouveler spirituellement. Plongé dans un bain de foi et entouré de familles du monde entier, j'ai eu un déclic. J'ai pris pleinement conscience que notre façon de vivre était peu cohérente : nous mangions bio et je cultivais la terre en agriculture conventionnelle.

Êtes-vous passé en agriculture bio immédiatement après ?

À mon retour, le hasard ou l'Esprit Saint m'a mis en contact avec le technicien bio de la coopérative du Loiret qui m'a expliqué la procédure. Avant de pouvoir bénéficier du label bio, un temps de conversion est nécessaire. Et c'est vraiment le bon mot, « conversion » ! Le jour où j'ai déposé mon dossier, j'ai eu l'impression de sortir du confessionnal, de me sentir allégé. J'étais en cohérence entre ce que je vivais et ce que j'allais cultiver. C'était un nouveau départ, une nouvelle aventure. J'ai démarré ma « conversion » en laissant ma terre se reposer deux ans avant de l'exploiter en bio. J'ai redécouvert le métier d'agriculteur, c'était comme se jeter dans le vide en n'ayant aucune idée du résultat et en oubliant tous les raisonnements habituels. C'est vraiment un nouvel état d'esprit. Du bienfait familial que nous avions ressenti en mangeant des produits bios, j'allais devenir acteur en les proposant au plus grand nombre. Comme nous avions veillé à notre santé en mangeant sainement, je veillais désormais sur celle d'autrui en rendant le bio accessible à tous.

Que cultivez-vous ?
Un tiers de notre surface est cultivé en petit épeautre. C'est une céréale venue de Mésopotamie et introduite dans le pourtour méditerranéen par les Grecs. Cette céréale ancienne, longtemps délaissée, est riche en fibres, protéines et minéraux. Sa saveur est douce et a un léger goût de noisette. Nous cultivons 6 hectares en pommes de terre et 6 hectares en oignons. Ce sont nos trois cultures permanentes. Suivant les années, nous produisons du maïs, des haricots rouges, du soja, du quinoa, de la luzerne, etc.

Cultiver en bio demande-t-il un engagement particulier ?
Dans mes champs cultivés en bio, j'ai spontanément loué Dieu pour sa Création, je me sentais heureux, même si l'agriculture biologique a ses exigences. Elle repose sur une gestion qui préserve la qualité des sols, de l'air et de l'eau. Nous devons donc être très attentifs à ces équilibres. Pour certifier aux consommateurs que nos produits répondent bien au cahier des charges, nous avons au moins un contrôle par an par un organisme agréé. Cette certification nous ouvre le droit d'apposer le label « AB » sur nos produits.

Crumble de fruits au petit épeautre

D.R.

La farine de petit épeautre est connue pour être plus digeste que la farine de blé. Voici une recette proposée par Isabelle, la belle-fille de Jacques.

Préparation : 20 min.
Cuisson : 35 min.
Pour 8 gourmands

- **800 g à 1 kg de fruits (pommes, poires, prunes ou autres, selon la saison)**
- **300 g de farine de petit épeautre bio**
- **80 g de sucre roux**
- **140 g de beurre**

Préchauffez le four à 180 °C.
Épluchez et couper les fruits.
Disposez-les dans un plat à gratin.
Dans un saladier, mélangez la farine et le sucre.
Rajoutez le beurre et sablez entre vos doigts pour obtenir une texture qui s'émiette.
Disposez la pâte sur les fruits.
Mettez à cuire 35 minutes à 180 °C.
Dégustez tiède ou à température ambiante.

Comment commercialisez-vous votre production ?
Nous vendons nos produits dans des circuits courts de distribution et des coopératives. J'ai acheté un moulin pour produire de la farine à partir de mes céréales. C'est un moulin à l'ancienne, il écrase nos céréales sur une meule de pierre. L'achat de ce moulin a incité notre fils Yves, qui avait fait des études de commerce, à changer de métier. En 2008, il est devenu meunier et s'est chargé de vendre et de transformer nos productions. Ainsi, il s'est allié avec un fabricant de pâtes de la région pour commercialiser des tagliatelles réalisées avec de la farine de petit épeautre. Il a aussi noué un partenariat •••

••• avec l'établissement ou service d'aide par le travail (Esat) d'Artenay situé à une quinzaine de kilomètres de Patay. Des travailleurs handicapés mettent la farine en sachet de 1 kg. En fait, c'est tout un réseau qui s'est bâti petit à petit autour de ma conversion au bio.

Comment avez-vous reçu l'encyclique *Laudato si'* du pape François ?
Je m'y suis retrouvé à 100 %, je pourrais même dire que j'ai bu du petit-lait. Nous ne pouvons pas concevoir la nature comme séparée de nous, mais nous devons la considérer comme notre alliée, en avoir le souci au cœur de notre vie quotidienne. Enthousiasmé par cette encyclique, j'ai voulu la faire connaître. J'ai alors organisé une soirée dans la paroisse. Je l'ai présentée et nous avons pris le temps d'échanger. Ce fut un beau moment de partage. Ce texte m'accompagne, je l'ai relu plusieurs fois.

Vous êtes aujourd'hui retraité, mais un retraité actif ?
J'ai arrêté mon emploi de paysagiste, mes terres sont cultivées maintenant par notre fils Yves, mais je continue à veiller sur mon exploitation agricole, notamment en étant encore la personne contact avec l'organisme de certification biologique. Mon épouse et moi avons quitté Patay et nous nous sommes installés au sud d'Orléans. Ayant plus de temps, je me suis engagé dans ma paroisse. J'ai été catéchiste, puis j'ai découvert les cellules paroissiales d'évangélisation. Ce sont des petits groupes de six à dix personnes qui se réunissent une fois par semaine pour témoigner de ce que Dieu fait dans leur vie, pour partager et prier ensemble. C'est très simple et accessible à tous.
Pour moi qui ai veillé à ce que la terre soit respectée, c'est une nouvelle forme de veille : être attentif à ce que la fraternité soit vécue réellement dans nos paroisses. Tout un projet pour ce temps de préparation à Noël ! ■

Propos recueillis par Geneviève Pasquier

POUR ALLER PLUS LOIN

Ai-je déjà vécu un moment de « conversion » comme Jacques, où tout s'est aligné entre ce que je crois et ce que je vis ?

Quel lien est-ce que j'entretiens avec la Création ?

Ai-je déjà ressenti que prendre soin de la terre est une manière de rendre grâce à Dieu ?

Sur quoi suis-je appelé à veiller aujourd'hui ?

[RENDRE GRÂCE]

Je relis mon année 2025

Une année placée sous le signe de l'espérance

En ouvrant cette année jubilaire, le pape François nous invitait à retrouver l'espérance qui ne passe pas, celle qui est en Dieu. Prenons le temps de parcourir ces derniers mois et découvrons comment l'espérance de Dieu nous a été donnée.

Texte: Karem Bustica; Photos: © Adobe Stock

Prière avant de commencer

Seigneur, Dieu de l'espérance,
ouvre mes yeux aux consolations
reçues pendant cette année jubilaire.
Fais de ma mémoire un chemin
de lumière, où ton amour éclaire
chaque pas, par Jésus, le Christ,
notre Seigneur, amen.

QU'EST-CE QU'UNE RELECTURE ?

La relecture n'est ni une introspection, ni un bilan, ni un jugement. C'est un temps d'échange avec Dieu, un moment pour reconnaître sa présence dans notre vie. Cette prière nous aide à discerner, à accueillir et à remercier Dieu pour le don de la vie qu'il nous fait chaque jour.

RELIRE L'ANNÉE 2025

Voici une proposition de relecture adaptée pour revisiter cette année jubilaire. Que vous soyez seul ou en groupe, commencez par un temps de prière, puis laissez-vous guider par les questions proposées. N'hésitez pas à prendre quelques notes au fil de votre réflexion. Terminez ce moment par une prière d'action de grâce.

Une année pour...

1. FAIRE UNE PAUSE

Depuis l'Ancien Testament, un jubilé est un événement extraordinaire où nous sommes invités à prendre du temps pour Dieu. Et ainsi découvrir que, depuis toujours, Dieu prend patiemment du temps pour nous.

Quelles ont été les opportunités de faire une pause et marquer spirituellement cette année jubilaire ? Qu'est-ce que j'en retiens ?

2. PASSER LA PORTE

L'ouverture d'une porte sainte est l'un des gestes spécifiques de l'année jubilaire. Le Christ lui-même s'identifie à la porte (Jn 10, 9), une porte ouverte vers le salut. Passer la porte du jubilé dit notre désir de marcher à la suite du Christ.

Quel événement, geste, parole ou personne, m'a permis de passer une porte, d'avancer vers le Christ ? Comment l'ai-je vécu ?

3. SE LIBÉRER

Cette année est l'occasion de briser les chaînes qui nous retiennent prisonniers. Dans le sacrement de réconciliation le Seigneur guérit nos cœurs et donne son pardon. Certes, être pardonné ou donner le pardon ne change pas le passé et ne peut modifier le mal déjà fait. Mais le pardon permet de lire le passé avec des yeux plus sereins, même s'ils sont encore embués de larmes.

De quelle libération ai-je été témoin ? Et moi-même, en aurais-je expérimentée une ? Qu'est-ce que j'en retire ?

4. RESTAURER LE LIEN AVEC LES AUTRES

Une année jubilaire concerne nos relations humaines, sociales, économiques. Nous voici invités à renouer les liens avec celles et ceux qui vivent des situations de détresse : les personnes isolées, les personnes âgées, les détenus, les malades, les migrants, les jeunes, les pauvres.

Quel service, engagement, choix, conseil au nom de la fraternité m'a permis de reconnaître l'autre comme un frère, une sœur ? Comment ai-je été touché par cela ?

....

....

....

....

5. HABITER LA TERRE

Dans la Bible, l'année jubilaire est aussi un temps pour faire mémoire de la création du monde où, le septième jour, Dieu se reposa de toute son œuvre.

Quel engagement, choix de consommation, acte de justice, geste de paix, lecture ou information en faveur de l'écologie intégrale m'a aidé à habiter la Création selon le désir de Dieu ? Qu'est-ce que j'en ai fait ?

....

....

....

....

6. ACCUEILLIR LA JOIE

Nous approcher ainsi de Dieu et de son salut est une source de joie. Jubiler, c'est se réjouir de la vie que Dieu nous donne généreusement. Une personne, une nouvelle, un service, une mission, des signes d'espérance, une parole de l'Écriture, etc.

Qu'est-ce qui a engendré de la joie en moi en cette année jubilaire ? Qu'est-ce que j'en retiens ?

....

....

....

....

7. RECEVOIR L'ESPÉRANCE

L'espérance chrétienne est un élan intérieur qui pousse le croyant à faire confiance à Dieu. Elle est une force vivante, enracinée dans la résurrection du Christ, qui donne sens à la vie, même dans la souffrance. Dans ce contexte, l'espérance devient un acte de résistance spirituelle : croire que le bien est plus fort que le mal, que la paix est possible, que Dieu n'abandonne jamais l'humanité.

Au terme de cette année, comment formulerais-je l'expérience de l'espérance qui a été la mienne ?

....

....

....

....

Prière après la relecture

Merci, Dieu de lumière,
pour cette année 2025.
Tu m'as montré ton visage rayonnant
alors qu'il m'est arrivé de fermer
volontairement mes yeux à ta présence.
Je t'en demande pardon.
Reste avec nous au moment
d'emprunter le nouveau chemin
de l'année qui commence,
par Jésus, ton Fils, amen.

« Tout cela est arrivé pour que soit accomplie la parole du Seigneur »

Matthieu 1, 22

© Habeshaw/Unsplash

L'Évangile du quatrième dimanche de l'Avent

LIRE

ÉVANGILE DE JÉSUS CHRIST SELON SAINT MATTHIEU 1, 18-24

« *Tout cela est arrivé pour que soit accomplie la parole du Seigneur* »

Voici comment fut engendré Jésus Christ : Marie, sa mère, avait été accordée en mariage à Joseph; avant qu'ils aient habité ensemble, elle fut enceinte par l'action de l'Esprit Saint. Joseph, son époux, qui était un homme juste, et ne voulait pas la dénoncer publiquement, décida de la renvoyer en secret. Comme il avait formé ce projet, voici que l'ange du Seigneur lui apparut en songe et lui dit : « Joseph, fils de David, ne crains pas de prendre chez toi Marie, ton épouse, puisque l'enfant qui est engendré en elle vient de l'Esprit Saint; elle enfantera un fils, et tu lui donneras le nom de Jésus (c'est-à-dire : Le-Seigneur-sauve), car c'est lui qui sauvera son peuple de ses péchés. » Tout cela est arrivé pour que soit accomplie la parole du Seigneur prononcée par le prophète : *Voici que la Vierge concevra, et elle enfantera un fils; on lui donnera le nom d'Emmanuel,* qui se traduit : « Dieu-avec-nous ». Quand Joseph se réveilla, il fit ce que l'ange du Seigneur lui avait prescrit : il prit chez lui son épouse.

La couronne de l'Avent

VOIR PAGE 42

Vous pouvez poser votre quatrième bougie en papier sur votre couronne.

APPROFONDIR

Voir le monde autrement

Noël approche. C'est l'occasion de renouveler notre regard sur le monde et sur la façon d'y participer.

LE TEMPS DE LA PRÉPARATION

« *Heureux les cœurs purs,*
car ils verront Dieu. »
(Mt 5, 8)

LE TEMPS DE L'OBSERVATION

La réalité est parfois si compliquée qu'il nous semble que rien de bon ne peut en sortir. Joseph aime la femme à laquelle il s'est fiancé. Elle est enceinte et cet enfant à venir n'est pas de lui. Que faire ? Pour convenir aux lois religieuses et à la pression sociale, il n'a pas d'autre choix que de la répudier. C'est ce qu'il aurait fait s'il ne s'était pas endormi. En sombrant dans le sommeil, Joseph quitte la raison, la logique et la vision du monde dans lesquelles lui et ses contemporains vivent. Il accède à un autre niveau de conscience, à une autre façon de voir les choses. Dans son rêve, cela prend la forme d'un ange qui lui fait voir la réalité autrement. La rencontre avec l'ange lui permet de comprendre autre chose, d'accéder à une autre forme de vérité qu'il n'aurait pu percevoir s'il était resté éveillé. Une fois réveillé, Joseph fait confiance à ce qu'il vient de découvrir de la vie et ne répudie pas Marie mais l'accueille chez lui.

LE TEMPS DE LA MÉDITATION

Noël est ce genre de moment qui ressemble au rêve de Joseph. Il n'est ni logique ni raisonnable de fêter la naissance d'un enfant comme si c'était le Messie, comme si ce nouveau-né allait être reconnu comme l'incarnation de Dieu sur terre. C'est pourtant ce que la tradition nous propose comme attitude : accéder à une autre façon de voir le monde, de le comprendre et, ensuite, d'en vivre différemment. À la suite de Marie et de Joseph, les disciples du Christ sont interpellés pour changer leur regard sur le monde. La fête de Noël est une invitation à outrepasser les habitudes et à entrer en contact autrement avec leur vie, de façon joyeuse et enthousiaste. La fête est l'occasion de se réveiller à ce qui nous entoure et parfois nous pèse. Joseph croit l'ange et ose changer sa façon de vivre. Il fait face de façon neuve et inédite aux événements de sa vie.

LE TEMPS DE LA PRIÈRE

« *Heureux les artisans de paix,*
car ils seront appelés fils de Dieu. »
(Mt 5, 9)

Marie-Laure Durand, bibliste

DÉCO DE NOËL

Les guirlandes

Les guirlandes illuminent les murs des maisons, les rampes d'escaliers, les branches du sapin, les devantures des magasins. Elles sont le signe étincelant et annonciateur d'une bonne nouvelle pour le monde : la vraie Lumière qui éclaire tout homme vient dans le monde !

“

« *Le peuple qui marchait dans les ténèbres a vu se lever une grande lumière.* »
Isaïe 9, 1

« Pour que personne ne soit oublié »

Le père Paul Guiral, 91 ans, vit depuis trente ans à Rabastens (81). Il a fait partie de l'équipe pastorale pendant quinze ans et vit depuis quinze ans dans le foyer logement dépendant de l'Ehpad Les Terrasses du Tarn. Il a commenté pour nous les photos de ce reportage de Christophe Hargoues.

« J'ai été aumônier du Secours catholique pendant plusieurs années et je connais bien une grande partie des membres actuels de l'équipe de Rabastens. Installé dans le foyer logement, je les ai informés de la situation de certains résidents de l'Ehpad très isolés, car leur famille réside loin d'eux ou est absente. Après avoir rencontré l'animatrice et la directrice des Terrasses du Tarn et ayant reçu leur accord, l'équipe a mis en place différentes activités : scrabble, belote, échecs, dames, des sorties mensuelles, des ateliers manuels divers, mais également l'animation de la messe et du chapelet tous les quinze jours dans la chapelle de l'établissement. Je célèbre la messe avec le frère Michel Masthias, frère missionnaire des campagnes résidant également dans le foyer logement. En effet, si l'établissement est public aujourd'hui, il était auparavant tenu par une congrégation religieuse et une partie de la chapelle d'origine a été conservée. Tous les résidents ne sont pas croyants, mais ce lieu de prière donne une âme au bâtiment. Les quinze résidents participant régulièrement au chapelet sont un peu comme des veilleurs, ils sont attentifs dans leur prière à ceux qui vivent à leur côté.

METTRE EN ŒUVRE LA FRATERNITÉ

Je suis émerveillé par les trésors d'imagination et d'ouverture de cœur de toutes celles et ceux qui, toute l'année, prennent soin des résidents. Cela transparaît notamment •••

[RENCONTRER]

« UNE JOIE SIMPLE, PROFONDE, UNE VRAIE JOIE DE NOËL, ET PAS CELLE, FACTICE QUE NOUS MONTRENT LES PUBLICITÉS. »

© C. Hargoues/Secours catholique

Repas de Noël à l'Ehpad de Rabastens (81), décembre 2024.

••• lors du repas de Noël, où une centaine de personnes est reçue dans une salle prêtée par la mairie. Ces invités viennent des deux Ehpad de la ville, celui des Terrasses du Tarn et celui de l'Hermitage accueillant des personnes très dépendantes, mais il y a aussi des personnes isolées vivant à Rabastens ou dans ses environs. Pour elles, ce repas est un vrai moment de fraternité et de joie. Une joie simple, profonde, une vraie joie de Noël et pas celle, factice, que nous montrent les publicités qui nous assaillent à cette époque de l'année.

Regardez, sur la photo *(p.67)*, vous ne savez pas qui entre les deux dames qui s'étreignent, laquelle est une résidente et celle qui ne l'est pas. Pour moi, c'est le résultat d'une complicité née lors des activités devenues, au fil du temps, de vraies rencontres d'amitié.

Danièle, Monique, Bruno, Évelyne, Mireille, Maïté, Francis, Marie-Louise et tous ceux dont le prénom m'échappe sont aux petits soins pour que ce repas de Noël se déroule de façon conviviale et dans la joie. Ils pensent à un menu différent chaque année, à installer une belle table et à la décorer, à chercher les convives à leur domicile et à les installer, à les servir, à veiller à ce que chacun soit accueilli tel qu'il est, ils s'assurent que tout se déroule bien. Leur présence est à la fois discrète et forte. Ils veillent à ce que personne ne soit oublié, ils mettent en œuvre la fraternité et montrent un beau visage d'Église. •••

© C. Hargoues/Secours catholique

••• Ainsi, Évelyne, qui tenait une mercerie avant sa retraite, n'a pas son pareil pour s'assurer que ses anciennes clientes ne soient pas seules à Noël et elle n'hésite pas à les inviter à participer à ce repas. C'est tout simple, mais tellement fraternel. Si veiller est un des thèmes forts du temps de Noël, il ne lui est pas réservé. Sur la photo *(ci-contre)*, Michel tape joyeusement dans les mains d'une participante à ce repas. J'ai confié une tâche à ce résident de l'Ehpad, celle d'être responsable de la bonne ambiance de la résidence. Et il a pris son rôle très au sérieux, il veille vraiment à ce que la bonne humeur règne quelles que soient les circonstances et ce n'est pas toujours facile. Voyez comme sa joie transparaît sur cette photo.

Veiller, c'est tout simple et cela ne demande pas de compétences particulières. Les bénévoles du Secours catholique agissent comme les anges gardiens : ils sont attentifs, marchent aux côtés des personnes isolées tout au long de l'année et sont prêts à leur apporter de l'aide à tout moment. » ■

Propos recueillis pas Geneviève Pasquier

© C. Hargoues/Secours catholique

POUR ALLER PLUS LOIN

Le père Paul parle d'une « vraie joie de Noël, pas celle des publicités ». Qu'est-ce qui, pour moi, donne à Noël une joie simple et profonde ?

Dans mon entourage, qui sont les « veilleurs », ces personnes qui, comme Michel ou Évelyne, font du bien autour d'elles sans bruit… ?

Qu'est-ce que cela change pour moi de croire que « veiller, c'est tout simple » ? Dans mon quotidien, à qui suis-je appelé à prêter attention, même discrètement ?

Les mandarines de douceur

Un cadeau simple pour Noël : un petit mot écrit dans une mandarine de papier à déplier.

IL VOUS FAUT

- ★ Des ciseaux
- ★ Un cutter
- ★ De la colle

COMMENT FABRIQUER LES MANDARINES

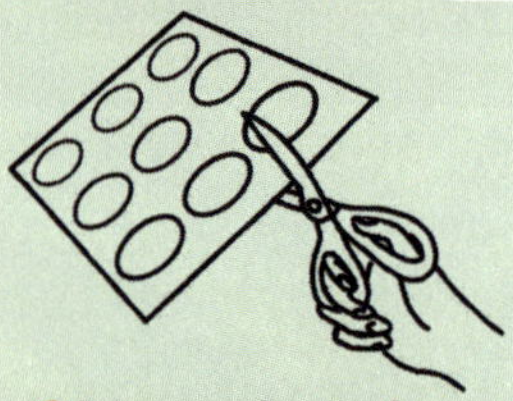

1. Découpez les ronds de la page de droite en suivant les pointillés au verso.

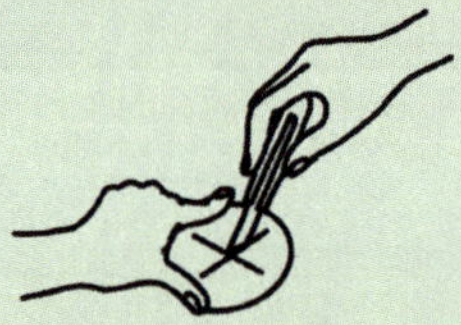

2. Faites une incision au cutter en suivant la croix rouge.

3. Écrivez un petit mot sur chaque fond (cercles orange pâle).

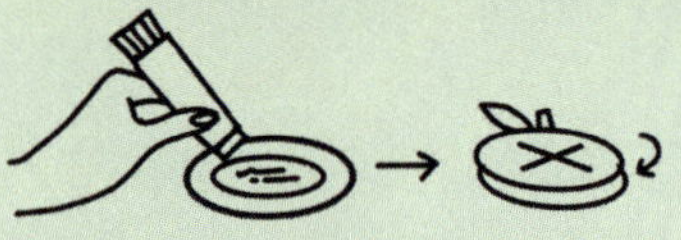

4. Posez de la colle au niveau des hachures et collez ensemble la mandarine et le fond.

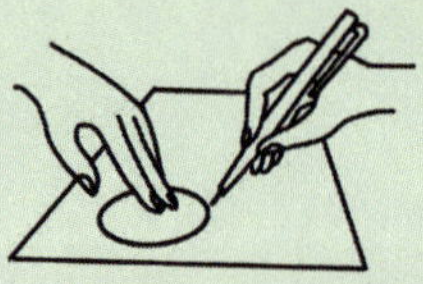

5. Vous pouvez découper d'autres fonds en traçant le contour à partir d'un des modèles.

Exemples

Voici des idées de mots à écrire :

« Que ce Noël te remplisse de joie. »

« Que Noël illumine ton cœur. »

« Que l'étoile de Noël te guide. »

« Noël, c'est la paix : transmets-la à ton voisin. »

« Noël, c'est l'espérance, qu'elle grandisse dans ton cœur. »

« Que ce Noël porte ses fruits ! »

©Adobe Stock

LES ANGES GARDIENS DE Robin

« Aujourd'hui vous est né un Sauveur qui est le Christ, le Seigneur »

Luc 2, 11

L'Évangile de la Nativité du Seigneur

LIRE

ÉVANGILE DE JÉSUS CHRIST SELON SAINT LUC 2, 1-14

« Aujourd'hui vous est né un Sauveur qui est le Christ, le Seigneur »

En ces jours-là, parut un édit de l'empereur Auguste, ordonnant de recenser toute la terre – ce premier recensement eut lieu lorsque Quirinius était gouverneur de Syrie. Et tous allaient se faire recenser, chacun dans sa ville d'origine. Joseph, lui aussi, monta de Galilée, depuis la ville de Nazareth, vers la Judée, jusqu'à la ville de David appelée Bethléem. Il était en effet de la maison et de la lignée de David. Il venait se faire recenser avec Marie, qui lui avait été accordée en mariage et qui était enceinte.

Or, pendant qu'ils étaient là, le temps où elle devait enfanter fut accompli. Et elle mit au monde son fils premier-né; elle l'emmaillota et le coucha dans une mangeoire, car il n'y avait pas de place pour eux dans la salle commune. Dans la même région, il y avait des bergers qui vivaient dehors et passaient la nuit dans les champs pour garder leurs troupeaux. L'ange du Seigneur se présenta devant eux, et la gloire du Seigneur les enveloppa de sa lumière. Ils furent saisis d'une grande crainte. Alors l'ange leur dit : « Ne craignez pas, car voici que je vous annonce une bonne nouvelle, qui sera une grande joie pour tout le peuple : Aujourd'hui, dans la ville de David, vous est né un Sauveur qui est le Christ, le Seigneur. Et voici le signe qui vous est donné : vous trouverez un nouveau-né emmailloté et couché dans une mangeoire. » Et soudain, il y eut avec l'ange une troupe céleste innombrable, qui louait Dieu en disant : « Gloire à Dieu au plus haut des cieux, et paix sur la terre aux hommes, qu'Il aime. »

La couronne de l'Avent

Vous pouvez poser votre couronne sur la table de Noël !

APPROFONDIR

Noël à la lumière de Pâques

Si l'évangile de la nuit de Noël est centré sur la naissance de Jésus et sur son humanité, le mystère pascal est aussi présent. Dominent la douceur, la joie, l'action de grâce certes, mais ancrées dans une histoire humaine en attente d'un salut.

LE TEMPS DE LA PRÉPARATION

« *Je vous annonce […] une grande joie.* » (Lc 2, 10)

LE TEMPS DE L'OBSERVATION

La naissance de Jésus est un évènement qui concerne la terre et le ciel comme l'atteste la présence de l'ange. Son message révèle la portée de cette naissance : l'enfant est le Sauveur, le Messie attendu, il manifeste l'amour de Dieu en apportant la paix, c'est-à-dire la plénitude de la vie car il est Dieu et Seigneur. La vie présente qui s'expérimente généralement comme blessée, amoindrie par le mal intérieur et extérieur, est en passe d'un renouveau. La naissance du Christ s'inscrit donc dans le dessein de salut de Dieu. Elle est l'accomplissement de ses promesses, ainsi que le souligne Luc en évoquant l'oracle de Michée. La destinée pascale de Jésus affleure également : il est emmailloté, ce qui renvoie au linceul de son ensevelissement; il est couché dans une mangeoire, laquelle anticipe le fait qu'il se donnera en nourriture; quant à la présence de l'ange, elle fait signe vers le matin de la Résurrection.

LE TEMPS DE LA MÉDITATION

Le récit de la naissance du Christ, vrai Dieu et vrai homme, reflète la foi post-pascale des premiers chrétiens et invite à aller au-delà des apparences. Pour cela, Luc indique un chemin qui consiste à confronter le réel aux Écritures, comme Jésus l'a fait, entre autres, lors de sa prédication inaugurale dans la synagogue de Nazareth (Lc 4, 16-27) ou sur la route d'Emmaüs (Lc 24, 13-30). Il nous incite à relire ce qui nous advient à la lumière de la Parole pour y discerner l'œuvre de salut que Dieu est en train d'accomplir et nous laisser gagner par cette « grande joie » – laquelle est d'abord celle que Dieu éprouve à nous sauver en nous communiquant sa paix, sa vie en plénitude. Une paix que nul ne pourra nous ravir car elle est un don de l'Esprit. N'est-ce pas ce qu'a vécu Marie, figure de la foi, de l'espérance et de la charité, en méditant les événements dans son cœur ? D'où son « oui » à l'Incarnation et au mystère pascal !

LE TEMPS DE LA PRIÈRE

« *Gloire à Dieu au plus haut des cieux,*
et paix sur la terre aux hommes
qu'Il aime. » (Lc 2, 14)

Emmanuelle Billoteau, ermite

DÉCO DE NOËL

Les santons

Bergers, lavandière, rémouleur, ravi… tout un peuple est en marche vers l'Enfant. Dans leurs gestes et leurs métiers simples, ces petites figurines sorties de leur boîte nous rappellent que la sainteté se trouve dans l'ordinaire de nos vies. Elles nous invitent à nous mettre en route, avec nos talents et nos fragilités.

« *Les bergers se dirent entre eux : “Allons jusqu'à Bethléem pour voir ce qui est arrivé, ce que le Seigneur nous a fait connaître.”* »
Luc 2, 15

JEUDI 25 DÉCEMBRE 2025
NATIVITÉ DU SEIGNEUR

Voici : l'Ancien est révolu !
Vient le temps du Nouveau,
de l'un connu.
Le Verbe a choisi Marie,
humble réceptacle de l'immaculé,
conception, temple de l'Esprit,
pour que l'Homme soit enfanté.

Il aura fallu bien du talent à Marie
pour nous offrir son « amen », son « oui ».
Ne rien refuser, ne rien retenir,
s'exposer, juste s'offrir
et prendre le risque de sa grandeur.

Icône d'humilité
que d'être à sa juste place,
révélée, consacrée,
pleine de grâce.

Thierry Lemoine, poète

Ce poème est issu du podcast « L'Évangile d'un poète ». Une série de Thierry Lemoine librement inspirée des évangiles des dimanches et fêtes, à retrouver sur l'appli et sur le site de Prions en Église.

© A. Ricketts/Unsplash

Prions en Église

Directeur de la publication : François Morinière.
"Prions en Église" est édité par Bayard, société anonyme à Directoire et Conseil de Surveillance au capital de 16 500 000 €.
15, boulevard Gabriel-Péri CS 10042
92245 Malakoff Cedex.
Actionnaires : Augustins de l'Assomption (93,7 % du capital), SA Saint-Loup, Association Notre-Dame de Salut.
Directoire : François Morinière (président et directeur de la publication), Dominique Greiner (directeur général).
Président du Conseil de Surveillance : Hubert Chicou.
Directrice déléguée : Emmanuelle Delapierre.

Rédactrice en chef : Karem Bustica.
Rédacteur en chef délégué : Dominique Pierre.
Directrice artistique : Pomme Mignon.
Rédactrice en chef adjointe : Aurore de Neuville.
Assistante : Armelle Gabriel.
Secrétaire général de la rédaction : Nicolas Crouzier.
1ers secrétaires de rédaction : Jean-Baptiste Deau, Cécile Toussaint. **Rédacteurs graphistes :** Héloïse Romain, Laurent Sangpo. **Rédactrice photo :** Ania Biszewska.
Chef de grande rubrique : Sébastien Antoni.
Rédactrices : Geneviève Pasquier, Anne-Quitterie Jozeau.
A participé : Frédéric Pascal.

Marketing
Marketing éditeur et développement : Amandine Boivin.
Belgique : Bayard Presse Bénélux, Da Vincilaan, 1 1930 Zaventem.
Tél. : 0800 250 38 (de Belgique, gratuit) ou 800 29 195 (du Luxembourg).
librairie-bayard.com
Suisse : Asendia Press Edigroup SA, Chemin du Château-Bloch 10, 1219 Le Lignon, Suisse.
Tél. : 00 41 22 860 84 02.
Mail : abobayard@edigroup.ch

Fabrication : Grégory Cervantes.
Impression : Factory Books & Magazines ; Avda. de la Via Láctea, 1 - 2ª Planta ; Edificio Augusta 28830 San Fernando de Henares (Madrid).

Textes liturgiques : © AELF.
Chants : © Éditeurs. © Bayard et Novalis.
Numéro de commission paritaire : 0425 K 86471.
Numéro ISSN : 0383-8285.

Décembre 2025. Dépôt légal à parution.

Couverture : L'Adoration de l'Enfant Jésus. Anonyme allemand. XVe siècle. © Artothek / La Collection

Ce numéro comporte sur la totalité de la diffusion : encart posé "CCFD Avent 2025" ; encart posé "L'Œuvre d'Orient".

© AdobeStock

Noël aux instruments

Le répertoire de Noël a beaucoup inspiré les musiciens ; ils ont écrit de nombreuses variations sur des noëls traditionnels que ce soit pour l'orgue ou pour d'autres instruments de musique.

À la venue de Noël

Nicolas Lebègue (1631-1702). Jean Galard, orgue de la cathédrale Saint-Pierre de Beauvais.

Les Bourgeois de Châtres

Marc-Antoine Charpentier (1634-1704). Les Musiciens de Mademoiselle de Guise, direction Laurence Potier.

Ou sen vont ces guays bergers

Marc-Antoine Charpentier (1634-1704). Les Musiciens de Mademoiselle de Guise, direction Laurence Potier.

Joseph est bien marié

Marc-Antoine Charpentier (1634-1704). Les Musiciens de Mademoiselle de Guise, direction Laurence Potier.

Or nous dites Marie

Marc-Antoine Charpentier (1634-1704). Les Musiciens de Mademoiselle de Guise, direction Laurence Potier.

Pastorale en *Fa* Majeur

(premier mouvement), Jean-Sébastien Bach (1685-1750), Jacques Amade, orgue de Sainte-Marie de Baïgorry.

Ô Créateur

Marc-Antoine Charpentier (1634-1704). Les Musiciens de Mademoiselle de Guise, direction Laurence Potier.

Une jeune pucelle

Marc-Antoine Charpentier (1634-1704). Les Musiciens de Mademoiselle de Guise, direction Laurence Potier.

À la venue de Noël

Marc-Antoine Charpentier (1634-1704). Les Musiciens de Mademoiselle de Guise, direction Laurence Potier.

Vous qui désirez sans fin

Marc-Antoine Charpentier (1634-1704). Les Musiciens de Mademoiselle de Guise, direction Laurence Potier.

Je me suis levée

Esprit-Philippe Chédeville (1696-1762). Les Musiciens de Mademoiselle de Guise, direction Laurence Potier.

Joseph est bien marié

Claude Balbastre (1727-1799). Jean Galard, orgue de la cathédrale Saint-Pierre de Beauvais.

Cette playlist est issue de l'album *Noël aux instruments* (Bayard musique). Écoutez-la sur le site de *Prions en Église* en flashant le QR code ou en recopiant l'adresse ci-dessous.

www.prionseneglise.fr/playlist-noel